2024年度版

金融業務 **4** 級

実務コース

試験問題集

一般社団法人 金融財政事情研究会

◇はじめに◇

　本書は、金融業務能力検定「金融業務4級　実務コース」の受験者の学習の利便を図るためにまとめた試験問題集です。この問題集は、全5章から構成され、テーマ別に問題を掲載しています。

　経済社会の高度化・金融改革の一層の進展とともに金融機関の業務はますます多様化し、その範囲も急速に拡大を続けています。すべてに精通することは、けっしてたやすいことではないでしょう。

　しかし、金融機関という組織にいる以上、基本的な業務を一通り理解しておくことは、日常業務を遂行するうえで不可欠です。

　本書をぜひとも有効に活用して「金融業務4級　実務コース」に合格し、1日も早く、信頼される金融機関職員として活躍されることを期待しています。

2024年3月

一般社団法人　金融財政事情研究会

検定センター

◇◇目　次◇◇

第1章　金融常識

第2章　預金

第3章　手形・小切手、内国為替

第4章　融資、外国為替

本書は、問題文に特に指示のない限り、2024年4月1日（基準日）現在施行の法令等に基づいて編集しています。

◇ **CBT とは**◇

　CBT（Computer-Based Testing）とは、コンピュータを使用して実施する試験の総称で、パソコンに表示された試験問題にマウスやキーボードを使って解答します。一般社団法人金融財政事情研究会が、株式会社シー・ビー・ティ・ソリューションズの試験システムを利用して実施するものです。CBT は、受験日時・テストセンター（受験会場）を受験者自らが指定するとともに、試験終了後、その場で試験結果（合否）を知ることができるなどの特長があります。

本書に訂正等がある場合には、下記ウェブサイトに掲載いたします。
https://www.kinzai.jp/seigo/

〈凡　例〉

・預金者保護法＝「偽造カード等及び盗難カード等を用いて行われる不正な機械式預貯金払戻し等からの預貯金者の保護等に関する法律」
・金融サービス提供法＝「金融サービスの提供及び利用環境の整備等に関する法律」
・個人情報保護法＝「個人情報の保護に関する法律」
・金融分野ガイドライン＝「金融分野における個人情報保護に関するガイドライン」
・出資法＝「出資の受入れ、預り金及び金利等の取締りに関する法律」
・独占禁止法＝「私的独占の禁止及び公正取引の確保に関する法律」
・犯罪収益移転防止法＝「犯罪による収益の移転防止に関する法律」
・振り込め詐欺救済法＝「犯罪利用預金口座等に係る資金による被害回復分配金の支払等に関する法律」

「金融業務4級　実務コース」試験概要

日常業務に不可欠な基礎知識および金融常識を客観的に検証します。

■受験日・受験予約	通年実施。受験者ご自身が予約した日時・テストセンター（https://cbt-s.com/testcenter/）で受験していただきます。 受験予約は受験希望日の3日前まで可能ですが、テストセンターにより予約可能な状況は異なります。
■試験の対象者	若手行職員　※受験資格は特にありません
■試験の範囲	預金、出納、手形・小切手、為替、融資、証券等に関する基礎的な実務知識および金融業務
■試験時間	60分　試験開始前に操作方法等の案内があります。
■出題形式	三答択一式40問
■合格基準	100点満点で60点以上
■受験手数料（税込）	4,400円
■法令基準日	問題文に特に指示のない限り、2024年4月1日現在で施行されている法令等に基づくものとします。
■合格発表	試験終了後、その場で合否に係るスコアレポートが手交されます。合格者は、試験日の翌日以降、合格証をマイページからPDF形式で出力できます。
■持込み品	携帯電話、筆記用具、計算機、参考書および六法等を含め、自席（パソコンブース）への私物の持込みは認められていません。テストセンターに設置されている鍵付きのロッカー等に保管していただきます。メモ用紙・筆記用具はテストセンターで貸し出されます。計算問題については、試験画面上に表示される電卓を利用することができます。
■受験教材等	・本書 ・通信講座「新入行員基礎コース」 ・参考図書「図説金融ビジネスナビ2024金融機関の仕事編」
■受験申込の変更・キャンセルについて	受験申込の変更・キャンセルは、受験日の3日前までマイページより行うことができます。受験日2日前からは、受験申込の変更・キャンセルはいっさいできません。
■受験可能期間	受験可能期間は、受験日の3日後から当初受験申込日の1年後までとなります。受験可能期間中に受験（またはキャンセル）しないと、欠席になります。

※金融業務能力検定・サステナビリティ検定の最新情報は、一般社団法人金融財政事情研究会の Web サイト（https://www.kinzai.or.jp/kentei/news-kentei）でご確認ください。

第1章

金融常識

1-1 金融市場の分類

《問》次の文章の（　　　）内にあてはまる語句として、最も適切なもの
はどれか。

　金融市場は、資金の取引の期間により、短期と長期に分類するこ
とができる。わが国では一般に、（　　　）以内の短期の取引を行
う市場を短期金融市場、（　　　）超の長期の取引を行う市場を長
期金融市場と称している。

1）1年
2）2年
3）3年

・解説と解答・

　金融市場の資金の融通期間の区分については、必ずしも明確な定義があるわ
けではないが、わが国では一般に、1年以内の取引を行う市場を短期金融市場
といい、その代表例はオープン市場とインターバンク市場である。一方、1年
超の取引を行う市場を長期金融市場または資本市場あるいは証券市場という。

正解　1）

1－2　金融市場

《問》金融市場等について、次のうち最も不適切なものはどれか。
1）短期金融市場のなかでも、非金融機関も参加できるオープン市場とは、CP（コマーシャル・ペーパー）、CD（譲渡性預金）、株式、新株予約権付社債などの金融資産を売買する市場のことである。
2）短期金融市場のなかでも、参加者が金融機関に限定されたインターバンク市場には、各金融機関が資金の過不足が生じたときに短期の資金を融通し合うコール市場と、金融機関が保有する手形を売買する手形市場がある。
3）債券とは、国、地方公共団体、政府系機関、企業（事業会社）などが均一条件で多額の資金を借入れする際に発行する一種の債務証書のことである。

●解説と解答●

1）不適切である。法人であれば誰でも参加できるオープン市場とは、CD（譲渡性預金）、CP（コマーシャル・ペーパー、企業が短期資金調達のため発行する無担保約束手形）、1年以内の短期国債などを売買する市場のことであり、株式、新株予約権付社債などの売買は該当しない。
2）適切である。コール市場とは、金融機関が日々の短期的な資金の過不足を調整するための取引を行う場であり、銀行、信託銀行、証券会社、保険会社、および取引の仲介業者である短資会社などが参加している。
　　手形市場は、手形を媒介に金融機関が相互に短期の資金を融通し合う貸借取引の市場である。
3）適切である。債券は、国や地方公共団体、企業などが、投資家から資金調達をするために発行され、あらかじめ利率や満期日などが決められて発行される。

<u>正解　1）</u>

1－3　金融機関の基本的な役割

《問》次の文章の（　　　）内にあてはまる語句の組合せとして、最も適切なものはどれか。

> 金融機関の基本的な役割として、資金の需要と供給を結び付ける（　イ　）機能や、資金の受渡しを効率的かつ安全に媒介する（　ロ　）機能などがある。

1）イ．信用創造　　ロ．資金媒介
2）イ．資金媒介　　ロ．信用創造
3）イ．金融仲介　　ロ．資金決済

解説と解答

　金融機関は、融資等の形で資金を提供し、金融商品という形で投資機会を提供することにより、資金の需要と供給を結びつける金融仲介機能と、資金の受渡しを効率的かつ安全に媒介する資金決済機能を担っている。

　信用創造とは、金融機関が融資した代り金が、金融機関全体としてみれば、再び預金となって還流し、さらにその資金が別の融資の元手となり、この機能を繰り返すことによって、最初に受け入れた預金額の何倍もの預金通貨を作り出すことをいう。

正解　3）

1 － 4　自己資本比率と早期是正措置

《問》自己資本比率と早期是正措置について、次のうち最も適切なものは
　　　どれか。
　1 ）海外営業拠点を持たない銀行も含めてすべての銀行は、8 ％以上の
　　　自己資本比率を維持しなければならない。
　2 ）金融庁は、銀行に対して、自己資本比率の低下度合いに応じ、早期
　　　是正措置として、業務改善命令や業務停止命令を発動する。
　3 ）自己資本比率の計算に必要な資産の査定は、すべて金融庁によって
　　　行われる。

・解説と解答・

　自己資本比率とは、使用総資本に対する自己資本の割合である。数値が高い
ほど企業の安定性が高いとされる。バーゼル銀行監督委員会は1988年、金融シ
ステムへの信頼を高めるため、国際業務を行う銀行に対して 8 ％以上の自己資
本比率を維持するよう求めた（国内業務銀行は 4 ％以上）。
　早期是正措置とは、経営の健全性を確保し、経営悪化を未然に防ぐため、金
融庁が金融機関に対し、自己資本の充実、店舗の統廃合や業務改善など経営の
是正を指導することである。
1 ）不適切である。自己資本比率については、海外営業拠点を有する銀行にお
　　いては 8 ％以上を要するが、海外営業拠点を有しない銀行にあっては 4 ％
　　以上とされている。
2 ）適切である。早期是正措置は、金融庁が自己資本比率といういわば客観的
　　基準により、金融機関に対し必要な是正措置を適時・適切に発動していく
　　ことで、早期に健全化を促していこうとするものである。
3 ）不適切である。自己資本比率の査定は、金融機関自らが資産内容を検討・
　　分析し、自己査定を行うことが要請されている。

正解　2 ）

1－5　日本銀行の金融政策（Ⅰ）

> 《問》日本銀行の金融政策について、次のうち最も不適切なものはどれ
> 　か。
> 　1）預金準備率操作において、市中金利を引き上げようとする場合に
> 　　は、準備率の引上げを行うことになる。
> 　2）金融政策の決定および実行は、中央銀行（日本銀行）によって行わ
> 　　れる。
> 　3）公開市場操作において、市中金利を引き下げようとする場合には、
> 　　金融市場で手形や債券の売却を行う。

● 解説と解答 ●

　日本銀行の金融政策の最も代表的な手段は、オペレーション（公開市場操作）である。日本銀行は、資金供給オペレーションや資金吸収オペレーションを行うことにより、金融機関同士が資金を融通し合う場である短期金融市場における資金の需給関係に影響を与え、同市場の金利（無担保コールレート〈翌日物〉）を誘導する。それが、金融機関が企業に資金を貸し出す場合の金利などに波及し、経済活動全体に金融政策の影響が及んでいくのである。

　従来、金融政策の主な手段は、①オペレーション（公開市場操作）、②公定歩合操作、③預金準備率操作の3つに整理されることが一般的であったが、2015年4月以降、日本銀行の金融政策は、資金供給量の指標であるマネタリーベースを政策目標に定め、日本銀行の長期国債などの購入によりこれを実現することが中心となった。また、2016年1月に、各金融機関が日本銀行に預ける当座預金の一部に「マイナス金利」が適用される政策の導入が決定された。

1）適切である。

2）適切である。

3）不適切である。公開市場操作において、市中金利を引き下げようとする場合には、金融市場で手形や債券の購入（買いオペレーション）を行い、市中に資金を供給する。

正解　3）

1－6　日本銀行の金融政策（Ⅱ）

《問》日本銀行の金融政策について、次のうち最も不適切なものはどれか。

1）預金準備率操作とは、金融機関が日本銀行に預ける義務がある預金等債務の一定割合の準備預金額の当該割合を変更することにより、金融を調整する手段である。

2）日本銀行の金融政策の手段の中心となっているのは、基準割引率および基準貸付利率操作である。

3）公開市場操作の買いオペレーションとは、日本銀行が金融市場で手形や債券の購入を行うことにより、市中金利を引き下げようとする金融緩和政策である。

・解説と解答・

1）適切である。なお、預金準備率操作は、1991年10月を最後に行われていない。

2）不適切である。日本銀行の金融政策の手段の中心となっているのは、公開市場操作である。

3）適切である。日本銀行が買いオペレーションを実施すれば、市中金融機関には資金が供給されて、日銀当座預金が増加する。逆に売りオペレーションとは、日本銀行が市場で債券や手形を売ることにより、市場の通貨流通量を減らして市中金利を上昇させる効果がある。

<u>正解　2）</u>

1－7　東京証券取引所の市場構造

《問》次の文章の（　　　）内にあてはまる語句の組合せとして、最も適
切なものはどれか。

　東京証券取引所には市場第一部、市場第二部、マザーズおよび
JASDAQ の 4 つの市場区分があったが、2022年 4 月 4 日から「プ
ライム市場・（　イ　）市場・（　ロ　）市場」の 3 つに再編され
た。

1）イ．スタンダード　　　ロ．バリュー
2）イ．スタンダード　　　ロ．グロース
3）イ．バリュー　　　　　ロ．グロース

● 解説と解答 ●

　東京証券取引所は、2022年 4 月 4 日、「プライム市場」、「スタンダード市
場」、「グロース市場」の 3 つの新しい市場区分へと再編を行った。また、
TOPIX（東証株価指数）等の株価指数についても見直しが行われた。

正解　2）

1－8　日経平均株価

《問》次の文章の（　　　）内にあてはまる語句の組合せとして、最も適切なものはどれか。

> 日経平均株価とは、東京証券取引所（　イ　）から流動性、業種等のバランスを考慮して選ばれた225銘柄の株価を対象として算出する（　ロ　）の株価指数である。日経平均株価は、高株価銘柄の株価の変動の影響を受けやすいといえる。

1）イ．プライム市場　　　　　　　　　　ロ．平均株価型
2）イ．プライム市場　　　　　　　　　　ロ．時価総額加重型
3）イ．プライム市場・スタンダード市場　ロ．時価総額加重型

・解説と解答・

　日経平均株価とは、東京証券取引所プライム市場銘柄から流動性、業種等のバランスを考慮して選ばれた225銘柄を対象として、構成銘柄の株価の平均値を求めた、平均株価型の指数である。日本経済新聞社が銘柄を選定している。「日経平均」または「日経225」とも呼ばれている。構成銘柄の入替え、株式分割などによって株価が不連続になるため、分母である除数を修正することで指数の連続性を保っている。高株価銘柄（値がさ株）の株価の変動の影響を受けやすいといえる。

正解　1）

1－9　TOPIX（東証株価指数）

> 《問》TOPIX（東証株価指数）について、次のうち最も不適切なものは
> どれか。
> 1）TOPIXとは、東京証券取引所に上場する銘柄を広く対象として算
> 出・公表されている株価指数である。
> 2）TOPIXは東京証券取引所1部上場の全銘柄を対象としていたが、
> 2022年4月1日の新市場区分施行を機に、構成銘柄は市場区分と切
> り離し、市場代表性や投資対象としての機能性向上を中心に見直さ
> れ、段階的に移行中である。
> 3）TOPIXは、その算出方法として、株価換算指数で調整した株価を
> 合計したうえで、除数を用いて調整される。

・解説と解答・

1）適切である。TOPIXは、1968年1月4日の時価総額を100ポイントとし
た時の、現在の時価総額が何ポイントにあたるかを表示したものである。

2）適切である。

3）不適切である。TOPIXは、1968年1月4日の時価総額を100として、毎
日の時価総額を指数で表したものである。

・TOPIXの基本計算式

$$\frac{比較時の時価総額}{基準時の時価総額} \times 100$$

正解　3）

1－10　GDP（国内総生産）

《問》次の文章の（　　　）内にあてはまる語句の組合せとして、最も適
切なものはどれか。

> GDP（国内総生産）とは、一定期間内（通常 1 年ないし四半期）
> に国内で生産されたモノやサービスの（　イ　）の総額を表したも
> のである。その総額の大きさを価格変動の要因を取り除いた産出額
> で表したものが（　ロ　）である。

1）イ．付加価値　　　ロ．名目 GDP
2）イ．付加価値　　　ロ．実質 GDP
3）イ．生産額　　　　ロ．実質 GDP

・解説と解答・

　GDP（Gross Domestic Product：国内総生産）とは、一定期間内（通常 1 年
ないし四半期）に国内で生産されたモノやサービスの付加価値の総額を表した
ものである。GDP は、経済活動を生産面から捉えた概念であるが、集計の対
象となるのは、生産活動に使用された原材料等（中間投入）を生産額から控除
した付加価値の部分である。付加価値の大きさをその時々の金額で表したもの
が名目 GDP であり、価格変動の要因を取り除いた産出額で表したものが実質
GDP である。GDP の変化率を経済成長率といい、順調に GDP が増加してい
る局面はおおむね好況にあたり、逆に GDP が減少している局面は不況にあた
る。

正解　2）

1−11　完全失業率

《問》次の文章の（　　　）内にあてはまる語句の組合せとして、最も適切なものはどれか。

　完全失業率とは、15歳以上の働く意欲のある人（労働力人口）のうち、（　イ　）（完全失業者）の割合であり、不況になるほど、完全失業率は高くなる。完全失業率は、景気動向指数の（　ロ　）に採用されている。

1）イ．職がない人　　　　　　　　　　　　　ロ．先行指数
2）イ．職がなく、求職活動をしている人　　　ロ．一致指数
3）イ．職がなく、求職活動をしている人　　　ロ．遅行指数

● 解説と解答 ●

　完全失業率とは、15歳以上の働く意欲のある人（労働力人口）のうち、求職活動をしているが職に就くことのできない人（完全失業者）の割合である。この数値が高いほど、仕事を探している人が多いことを示しており、不況になるほど、完全失業率は高くなる。総務省が「労働力調査」で毎月公表しており、雇用情勢を示す重要指標の1つである。完全失業率は、景気動向指数の遅行指数（景気に対して遅れて動く指数）に採用されている。

正解　3）

1－12　有効求人倍率

《問》次の文章の（　　　）内にあてはまる語句の組合せとして、最も適切なものはどれか。

有効求人倍率とは、（　イ　）の割合である。公共職業安定所（ハローワーク）を通じた求職者数、求人数をもとに算出されている。雇用動向を示す重要指標の1つであり、景気動向指数の（　ロ　）に採用されている。

1）イ．有効求職者数に対する有効求人数　　　ロ．先行指数
2）イ．有効求職者数に対する有効求人数　　　ロ．一致指数
3）イ．有効求人数に対する有効求職者数　　　ロ．遅行指数

・解説と解答・

有効求人倍率とは、有効求職者数に対する有効求人数の割合で、厚生労働省が「職業安定業務統計（一般職業紹介状況）」で毎月発表している。公共職業安定所（ハローワーク）を通じた求職者数、求人数をもとに算出されており、新規学卒者に関する求職、求人は含まれない。有効求人倍率が1を上回れば人を探している企業が多く、1を下回れば仕事を探している人が多いことを示している。雇用動向を示す重要指標の1つであり、景気動向指数の一致指数（景気に対してほぼ一致して動く指数）に採用されている。

正解　2）

1－13 印鑑照合

> 《問》印鑑照合について、次のうち最も適切なものはどれか。
> 1）預金の払戻請求書に届出印ではなく、預金者の実印が押捺されていた場合には、通常よりも特に慎重な本人確認を行わずにその支払に応じても、金融機関は免責される。
> 2）金融機関が印鑑照合において要求される注意義務とは、一般の人々に通常要求されるのと同程度の注意義務のことをいう。
> 3）預金取引規定上に、印鑑照合に関する免責条項があったとしても、金融機関としての注意義務が緩和されることはない。

・解説と解答・

1）不適切である。印鑑照合について、預金取引規定では、「払戻請求書、諸届その他の書類に使用された印影を届出印鑑と相当の注意をもって照合し、相違ないものと認めて取扱いましたうえは、……当行は責任を負いません」と特約されている。実印が押捺されていても、届出印でない以上、預金契約上は、正当な払戻しとはならないため、特に厳格な本人確認を行わなければ免責されない。

2）不適切である。判例でも、事務に習熟している金融機関の行職員が相当の注意を払って熟視すれば、肉眼で発見可能な印影の相違を見過ごした場合には、金融機関側に過失があるとされており、金融機関の行職員には、一般の人々に通常要求される水準より高い水準の注意義務が必要とされている。

3）適切である。預金取引規定に免責条項があっても、金融機関としての注意義務が軽減・緩和されることはない。

正解　3）

1－14　諸届の受付

《問》諸届の受付について、次のうち最も不適切なものはどれか。
 1）預金通帳と届出印を持参し、改印の申出があった場合でも、預金者本人であるか確認しなければならない。
 2）改印届に印鑑登録証明書が添付されていた場合であっても、預金者本人からの申出であることを確認しなければならない。
 3）預金証書を紛失したとの届出があった場合は、公示催告・除権決定の手続を経て再発行することになる。

・解説と解答・

　諸届を受け付けた際は、的確かつ迅速に対応することが重要である。

1）適切である。改印手続にあたっては、預金者本人からの申出であることを確認しなければならない。
2）適切である。1）と同様に預金者本人からの申出であることを確認する必要がある。
3）不適切である。預金証書や通帳は証拠証券であり、有価証券ではないため、公示催告・除権決定の手続によらず各金融機関所定の手続を経て再発行する。

<u>正解　3）</u>

1－15　守秘義務

《問》守秘義務について、次のうち最も適切なものはどれか。
1）顧客の預金等に関して税務署から税務調査を受けた場合、金融機関
　は、調査に応じる前に顧客の了承を得なければならない。
2）顧客の配偶者から、顧客と金融機関との取引状況について照会を受
　けた場合、配偶者であることが証明されれば、顧客本人の了承を得
　ずに照会に応じても守秘義務には反しない。
3）取引先企業の信用状況に関して他の金融機関から信用照会を受けた
　場合、取引先企業の了承を得ずに照会に応じても守秘義務には反し
　ない。

●解説と解答●

　金融機関は、顧客との取引において取得した顧客に係る情報を第三者に開示
してはならないとする守秘義務（秘密保持義務）を負っている。守秘義務は、
銀行法上は明文規定が置かれていないが、法的義務とされている。
1）不適切である。税務調査に対して金融機関には回答の義務があり、守秘義
　務は免除されるものと考えられる。
2）不適切である。顧客の配偶者であっても、顧客本人の了承を得ずに照会に
　応じることは、原則として守秘義務に反する。
3）適切である。金融機関間での信用照会制度によるもので、照会に対する回
　答内容が、共に守秘義務を負っている金融機関の間のみに留まっている限
　り、照会に応じても守秘義務違反にはならないと考えられる。（東京地
　判　昭31.10.20)

正解　3）

1 − 16　個人情報保護法（Ⅰ）

《問》個人情報保護法について、次のうち最も適切なものはどれか。
1 ）個人情報保護法は、個人情報に関する漏えい・流出の防止について
のみ定めた法律であるが、金融分野ガイドラインは個人情報の取得
や利用についても規制している。
2 ）与信業務において、個人情報の第三者提供や目的外利用は、本人の
同意があっても原則として禁止されている。
3 ）金融分野ガイドラインにおいて、顧客の本籍地などの機微（センシ
ティブ）情報の取得、利用、第三者提供は、いずれも原則として禁
止されている。

・解説と解答・

1 ）不適切である。個人情報保護法では、個人情報の漏えい防止等だけではな
く、個人情報の取得や利用についても規制している。
2 ）不適切である。与信業務においては、個人情報の第三者提供等は本人の同
意があれば必ずしも禁じられているわけではない。
3 ）適切である。金融分野ガイドラインでは、人種、本籍地、病歴および犯罪
の経歴といった顧客の機微（センシティブ）情報について、その取得、利
用および第三者提供を原則として禁止している。また、個人情報保護法で
は、人種、信条、病歴など不当な差別、偏見が生じる可能性のある個人情
報を「要配慮個人情報」と定めており、原則として、取得するには本人の
同意を得ることが義務付けられている。

<u>正解　3 ）</u>

1－17　個人情報保護法（Ⅱ）

《問》個人情報保護法について、次のうち最も不適切なものはどれか。
1 ）個人情報を取得する際、あらかじめ利用目的を公表している場合を除いて、利用目的を通知または公表することが義務付けられている。
2 ）個人情報の利用目的について、①「当行の所要の目的に用いるため」、②「後日、ご自宅宛に郵送するパンフレットをご覧ください」というような表示方法が認められている。
3 ）警察や税務署から法令に基づいた調査・照会があった場合には、本人の了承を得ずに回答したとしても、個人情報保護法違反にはならない。

・解説と解答・

　個人情報保護法は、個人情報の不適切な取扱い、例えば外部漏えいや、本来の目的を逸脱した利用等により、プライバシー、その他の「個人の権利」が侵害される危険を未然に防止するため、個人情報の適正な取扱いに関するルールを定めたものである。具体的には、以下のような内容が定められている。
　㈤利用目的をできる限り特定すること
　㈣利用目的を速やかに通知または公表すること
　㈥本人の同意を得ないで第三者に提供しないこと
　㈦利用目的の範囲内で利用すること
　㈧安全管理のために必要な措置を講じること
　㈨苦情に対して適切かつ迅速な処理に努めること
1 ）適切である。
2 ）不適切である。①のような利用目的の特定の仕方は不十分であり、できる限り具体的に特定しなければならない。②では、顧客が後日、パンフレットを見て初めて個人情報の利用目的を知ることになるため、個人情報の取得に際し、速やかに利用目的を通知または公表するよう求めている本法の趣旨に反することになる。
3 ）適切である。

正解　2 ）

1－18　マイナンバー制度

《問》マイナンバー制度について、次のうち最も不適切なものはどれか。
1 ）在留カードを持つ外国人は、マイナンバー制度の対象外となる。
2 ）日本国内に住民票を有するすべての国民に、12桁の個人番号が指定される。
3 ）マイナンバー制度において、法人等に対しては13桁の法人番号が指定され、個人番号とは異なり、原則として国税庁の法人番号公表サイトを通じて公表されている。

・解説と解答・

　2015年10月から「行政手続における特定の個人を識別するための番号の利用等に関する法律」（番号法）に基づく個人番号（マイナンバー）が通知され、2016年 1 月から使用が開始された。マイナンバー制度は、行政の効率化、国民の利便性の向上および公平・公正な社会を実現するための社会基盤として導入された制度であり、まず社会保障、税、災害対策の分野で使用が開始された。
　2018年 1 月からマイナンバー・法人番号を預貯金口座に紐づける預貯金口座付番制度が開始されている。
1 ）不適切である。日本に住民票があれば外国人であっても社会保障等の手続でマイナンバーを使うため、マイナンバー制度の対象になる。
2 ）適切である。
3 ）適切である。法人番号は、①国の機関、②地方公共団体、③設立登記法人、④①～③以外の法人または人格のない社団等であって、給与支払事務所等の開設届出書などを提出することとされている団体に指定される。

<u>正解　1 ）</u>

1-19 預金者保護法（I）

《問》預金者保護法について、次のうち最も不適切なものはどれか。
1）偽造キャッシュカードによる不正な機械式預貯金払戻しの被害に
　遭った預金者が金融機関に補てんを求めた場合、預金者の過失等の
　有無に関する立証責任は金融機関にある。
2）盗難キャッシュカードによる不正な機械式預貯金払戻しの被害に
　遭った預金者に軽過失が認められる場合に、金融機関が善意・無過
　失であるときは、金融機関は補てん対象額の50％を補てんする。
3）預金者が盗難キャッシュカードによって不正な機械式預貯金払戻し
　の被害に遭った場合の補てん対象期間は、特別な事情を除き、原則
　として被害を金融機関に通知した日から遡って30日までとなる。

解説と解答

　偽造キャッシュカードによって預金者が受けた被害は、「預金者保護法」に
よって補償される。同法は、偽造されたり盗難に遭ったキャッシュカードが現
金自動預払機（ATM）で不正に使用され、預金の引出し・借入れが行われた
場合、その被害を預金者の過失の度合いに応じて、金融機関が補償する旨を定
めている。
　まずカードが偽造されたときは、預金者に重過失がない限りは全額補償され
る。他方、盗難に遭った場合には、預金者に過失がない場合には全額補償され
るが、過失の場合には75％補償にとどまり、重過失の場合には補償されない。
・預金者保護法による補償

	預金者		
	過失なし	軽過失	重過失
盗難カード	100％	75％	0％
偽造カード	100％	—	0％

1）適切である。
2）不適切である。預金者に軽過失がある場合、金融機関は補てん対象額の
　75％を補てんすることになる。
3）適切である。　　　　　　　　　　　　　　　　　　　**正解　2）**

1 −20　預金者保護法（Ⅱ）

《問》次の文章の（　　　）内にあてはまる語句の組合せとして、最も適
切なものはどれか。

　預金者が、キャッシュカードの暗証番号として自らの生年月日を
利用しており、生年月日が記載された書類とキャッシュカードを一
緒に保管していて両方盗まれ、ATM による不正払戻しの被害に
遭った場合、預金者に（　イ　）があるとされ、金融機関がその払
戻しについて善意・無過失のときには、補てんすべき割合は、補て
ん対象額の（　ロ　）である。

1）イ.　重過失　　　　ロ.　50％
2）イ.　重過失　　　　ロ.　75％
3）イ.　軽過失　　　　ロ.　75％

・解説と解答・

　預金者がキャッシュカードの暗証番号として生年月日を利用しており、生年
月日が記載された書類とキャッシュカードを一緒に保管していて両方盗まれた
場合、預金者に軽過失があるとされ、金融機関が補てんすべき割合は、補てん
対象額の75％である。被害を受けた場合、預金者は速やかに金融機関に通知
し、警察への届け出を行わなくてはならない。補償は、金融機関への通知前30
日以内の被害に限定される。

<u>正解　3）</u>

1－21　インターネットバンキングによる預金等の不正払戻し

《問》次の文章の（　　　）内にあてはまる語句の組合せとして、最も適切なものはどれか。

> 　個人の預金者が、インターネットバンキングにおいて、不正な預金の払戻しの被害にあった場合、全国銀行協会の申合せによれば、預金者が一定の補てん要件を満たし、金融機関が善意・無過失であったときの金融機関の預金者に対する補てん額は、預金者に過失がない場合には補てん対象額の（　イ　）、過失がある場合には（　ロ　）、重過失がある場合には（　ハ　）となる。

1）イ．全額　　　　　ロ．75％　　　　　ハ．50％
2）イ．75％　　　　　ロ．全額　　　　　ハ．補償なし
3）イ．全額　　　　　ロ．個別対応　　　ハ．個別対応

・解説と解答・

　インターネットバンキングによる預金等の不正な払戻しについては、預金者保護法の範囲には含まれていないが、2008年2月19日の全国銀行協会の申合せ「預金等の不正な払戻しへの対応について」により、顧客に過失がなければ全額補てんされ、過失あるいは重過失がある場合は、補てんについて個別に判断するとされている。ただし、個人顧客に限られているとされる。この場合も、被害発生日の30日以内に金融機関へ速やかに通知し、警察への被害事実等の事情説明が必要となる。

　なお、盗難通帳による不正払戻しについても、同様の申合せにより、顧客に過失がなければ全額、過失があれば75％が補てんされる。ただし、重過失の場合には補てんされない。

正解　3）

1－22　疑わしい取引の届出

《問》疑わしい取引の届出について、次のうち最も不適切なものはどれか。
1）金融機関をはじめとする特定事業者は、犯罪収益移転防止法の定めにより、疑わしい取引に接した場合は行政庁に届け出ることが義務付けられている。
2）疑わしい取引の届出は重大事であり、不審な取引の背景に潜んでいる犯罪行為等の内容を把握したうえでの届出が必要である。
3）金融機関は疑わしい取引の届出を行おうとすること、または行ったことを、当該取引の相手方やその者の関係者に漏らしてはならない。

・解説と解答・

　疑わしい取引の届出制度は、マネー・ローンダリングを防止するための対策の1つであり、金融機関等から犯罪収益に係る取引に関する情報を集めて捜査に役立てることを目的とする制度である。他方で、金融機関等のサービスが犯罪者によって利用されることを防止し、金融機関や金融システムの健全性およびこれらに対する信頼を確保しようとする制度でもある。
1）適切である。犯罪収益移転防止法に定められている（同法8条1項）。
2）不適切である。届出対象の取引の背景に何らかの犯罪行為等が潜んでいると推定されるだけで十分であり、必ずしも犯罪行為等の内容まで把握する必要はない。
3）適切である（同法8条3項）。

<u>正解　2）</u>

1－23　振り込め詐欺救済法

《問》次の文章の（　　　　）内にあてはまる語句の組合せとして、最も適切なものはどれか。

> 振り込め詐欺救済法では、金融機関は、振り込め詐欺等の振込先になった預金口座を凍結し、（　イ　）に口座名義人の権利を消滅させるための手続に係る公告を要請することなどが定められている。なお、この公告における権利行使の届出等の期間は、公告のあった日の翌日から起算して（　ロ　）以上とされている。

1）イ．簡易裁判所　　　　ロ．60日
2）イ．預金保険機構　　　ロ．60日
3）イ．全国銀行協会　　　ロ．90日

・解説と解答・

　振り込め詐欺救済法とは、振り込め詐欺等の犯罪により、金融機関の口座に振り込まれ滞留している犯罪被害金を、被害にあった方に支払う手続き等について定めた法律である。同法においては、金融機関は、振り込め詐欺等の振込先になった預金口座を凍結し、預金保険機構に口座名義人の権利を消滅させるための手続に係る公告を要請することなどが定められている。振り込め詐欺救済法の公告は、当該金融機関の求めにより預金保険機構のホームページで行われる。公告における権利行使の届出等の期間は、公告のあった日の翌日から起算して60日以上となっている。

　ただし、振り込め詐欺の犯人が預金口座からお金を引き出してしまうと、救済は受けられず、また、振込手続によらない詐欺（現金を犯人に手渡し等）ケースも同法の救済措置は適用されない。

正解　2）

1 -24　犯罪収益移転防止法に基づく取引時確認（Ⅰ）

《問》犯罪収益移転防止法に基づく個人顧客の取引時確認について、次の
うち最も適切なものはどれか。
1）顧客から10万円を超える現金振込を依頼された場合、取引時確認を
行う必要がある。
2）100万円を超える現金取引や持参人払式小切手の受払いを行う場合、
取引時確認を行う必要がある。
3）取引時確認の際に、顧客から健康保険証など顔写真のない本人確認
書類を提示された場合であっても、それが提示時点で有効なもので
あれば、公共料金の領収書等、補足書類の提示を受ける必要はな
い。

・解説と解答・

犯罪収益移転防止法では、（1）取引時確認、（2）疑わしい取引の届出、
（3）確認記録の作成・保存、（4）取引記録の作成・保存、が求められてい
る。
このうち、金融機関が取引時確認を行うべき取引として挙げられているの
が、次の取引である。
① 預金または貯金の受入れを内容とする契約の締結
② 200万円を超える大口現金取引
③ 10万円を超える現金振込
④ 金銭の貸付または金銭の貸借の媒介
⑤ 貸金庫の貸与
1）適切である。
2）不適切である。顧客との取引で、200万円を超える大口現金取引、持参人
払式小切手の入出金の場合、取引時確認を行わなければならない。
3）不適切である。取引時確認の際に、健康保険証等の顔写真のない本人確認
書類の提示を受けた場合には、追加で公共料金の領収書または住民票の写
し等の提示を受ける必要がある。

<u>正解　1）</u>

1－25　犯罪収益移転防止法に基づく取引時確認（Ⅱ）

《問》犯罪収益移転防止法に基づく取引時確認について、次のうち最も不適切なものはどれか。
1）犯罪収益移転防止法上、金融機関は、新規預金口座の開設の手続を行う際には取引時確認を行うことが義務付けられている。
2）法人の顧客に対する取引時確認事項としては、名称および本店または主たる事務所の所在地、取引を行う目的、事業の内容ならびに実質的支配者の本人特定事項等がある。
3）マネー・ローンダリングの疑いがある場合でも、通常の取引と同様に、公的証明書による取引時確認を行えば、金融庁へ疑わしい取引の届出を行う必要はない。

・解説と解答・

1）適切である。新規口座の開設時には、運転免許等の公的書類の提示を受ける方法等により、顧客の本人特定事項や取引を行う目的、職業または事業の内容、実質的支配者の本人特定事項の確認を行う。
2）適切である。顧客が法人の場合、手続者から、当該法人の登記事項証明書、印鑑登録証明書などの提示を受ける方法により法人の本人特定事項、顧客管理事項および実質的支配者の本人特定事項を確認する。
3）不適切である。マネー・ローンダリングの疑いがある場合は、ハイリスク取引事例に該当するため、通常の取引より厳格な方法で本人確認・顧客管理事項の確認を行う必要がある。また、本人確認記録を作成することおよび金融庁へ「疑わしい取引の届出」をすることが義務付けられている。

正解　3）

1－26　成年後見制度、制限行為能力者

《問》成年後見制度や制限行為能力者について、次のうち最も適切なものはどれか。

1）民法が定める制限行為能力者として、未成年者のほかに、法定後見制度に定める後見、保佐、補助、任意後見の4種類がある。

2）制限行為能力を理由として預金契約が取り消されると、その契約は無効となることを防ぐため、金融機関は普通預金取引の開始に際し、相手方が契約を締結する能力があるかどうかの調査が必要である。

3）家庭裁判所の審判によって保佐人が被保佐人を代理して法律行為を行う種類を定めるには、被保佐人の申立てまたは同意を要件とする。

・解説と解答・

1）不適切である。民法が定める法定後見制度の種類は後見、保佐、補助の3種類であり、任意後見は含まれない。任意後見制度による任意後見は「任意後見契約に関する法律」に定めるもので、本人が契約の締結に必要な判断能力を有している間に、自己の判断能力が不十分な状況になった場合に備えて、任意後見人になる者と後見事務の内容を、自ら事前の契約によって決めておくことができる制度である。なお、成年後見人、保佐人、補助人についていずれも認められている取消権の行使（本人が単独で行った不当な契約等の取消）は、任意後見人には認められない。

2）不適切である。制限行為能力を理由として預金契約が取り消されると、その契約は無効となるが、その場合、金融機関は預かったものを返すだけで済み、損害を被ることはまずないので、契約締結に際して相手方の契約締結能力の有無は調査しない（ただし、当座預金は例外であり、また融資契約の締結では損害を被る可能性があるため調査を要する）。

3）適切である。家庭裁判所の審判によって保佐人が被保佐人を代理して法律行為を行う種類を定めるには、被保佐人の申立てまたは同意を要件とする（民法876条の4）。なお、補助人が本人を代理し、または本人に同意を与える法律行為を行う種類を定める場合も、被補助人の申立てまたは同意を要件とする（同法876条の9第2項）。

正解　3）

1－27　法定相続人

《問》次の文章の（　　　）内にあてはまる語句として、最も適切なものはどれか。

> 預金者Xが死亡し、Xには遺族として、妻A、子B、Xの死亡前に死亡した子Cの配偶者D、Cの子Eがいる。この場合の法定相続人は、（　　　）である。

1）A、B、D、Eの4名
2）A、B、Eの3名
3）A、Bの2名

● 解説と解答 ●

　法定相続人とは、民法で定められている相続人のことをいう。法定相続人には、配偶者、子、直系尊属（被相続人の父母または祖父母）、兄弟姉妹などが挙げられるが、直系尊属が法定相続人になるのは、被相続人に子がない場合である（民法889条1項1号）。また、兄弟姉妹が法定相続人になるのは、被相続人に子がなく直系尊属もいない場合である（同法889条1項2号）。なお、相続人となるべき子、または兄弟姉妹が相続開始以前に死亡などによって相続権を失った場合には、その者の子が代わって相続し、これを代襲相続という（同法887条2項、889条2項）。そのため、本設問の場合、預金者の法定相続人は、妻A、子Bと、Xの死亡前に死亡した子Cの子（いわゆる代襲相続人）Eの3名になる。

正解　2）

1－28　法定相続分

《問》次の文章の（　　　）内にあてはまる語句の組合せとして、最も適
切なものはどれか。

> 　法定相続分とは、共同相続人が取得する相続財産の民法で定めら
> れた法定分割による取り分のことをいう。相続人が被相続人の配偶
> 者と子の場合の法定相続分は、配偶者が（　イ　）、子が（　ロ　）
> であるが、子が複数いるときは（ロ）を均等に分けることになる。

1）イ．4分の3　　　ロ．4分の1
2）イ．3分の2　　　ロ．3分の1
3）イ．2分の1　　　ロ．2分の1

・解説と解答・

　法定相続分とは、共同相続人が取得する相続財産の民法で定められた法定分
割による取り分のことである。相続人が被相続人の配偶者と子だけの場合は、
配偶者2分の1、子は2分の1であるが、子が複数いるときは2分の1を均等
に分ける（民法900条1号、4号）。

　また、相続人が配偶者と父母などの直系尊属の場合は、配偶者3分の2、直
系尊属3分の1となり、相続人が配偶者と兄弟姉妹の場合は、配偶者4分の
3、兄弟姉妹4分の1となる（同法900条2号、3号）。

　配偶者がいない場合は、子（または直属尊属あるいは兄弟姉妹）がすべての
遺産を均等に分けることとなる。

正解　3）

1－29 遺留分

《問》次の文章の（　　　）内にあてはまる語句として、最も適切なものはどれか。

> 遺留分とは、相続人のために留保されなければならない最低限の相続割合のことをいう。遺留分は、被相続人の（　　　）に認められている。
>
> 1）配偶者および子
> 2）配偶者、子および直系尊属
> 3）配偶者、子、兄弟姉妹および直系尊属

● 解説と解答 ●

　遺留分は、被相続人の配偶者、子および直系尊属に認められている。兄弟姉妹には認められていない。遺留分の割合は、相続人が配偶者だけの場合、配偶者と子の場合、配偶者と直系尊属の場合および子だけの場合には被相続人の財産の2分の1である。相続人が直系尊属だけの場合には3分の1となる（民法1042条）。

　ただし、配偶者は必ず遺留分権利者となるが、この配偶者には内縁の人（婚姻届を出していない夫婦）は含まれない。

正解　2）

1－30　相続の放棄

《問》次の文章の（　　　）内にあてはまる語句として、最も適切なものはどれか。

> 預金者Ｘが死亡し、相続人が妻、長男、次男、長女である場合に、長女が相続を放棄したときは、長男の相続分は（　　　）となる。

1）　2分の1
2）　3分の1
3）　4分の1

● 解説と解答 ●

　相続分は、妻2分の1、子2分の1である。子は均等に相続財産を取得するが、この場合、長女は相続を放棄したため、長男、次男の2人に相続権があることになり、2分の1×2分の1＝4分の1がそれぞれの相続分になる（民法900条1号、4号）。

　相続人が被相続人の権利や義務を一切引き継がないことを相続放棄といい、当該相続人は民法により自己のため相続の開始があったことを知ったときから3カ月以内に、被相続人の最後の住所地の家庭裁判所に申述しなければならないとされている（同法915条1項）。

正解　3）

1－31　相続税の申告期限

《問》次の文章の（　　　）内にあてはまる語句として、最も適切なものはどれか。

　相続人は、相続の開始があったことを知った日の翌日から（　　　）以内に、相続税の申告書を被相続人の死亡の時における住所の所轄税務署に提出しなければならない。

1）3カ月
2）6カ月
3）10カ月

・解説と解答・

　相続人は、相続の開始があったことを知った日の翌日から10カ月以内に、相続税の申告書を被相続人の死亡の時における住所の所轄税務署に提出しなければならない（相続税法27条1項）。被相続人の住所地を所轄する税務所であり、財産を取得した人の住所地を所轄する税務署ではない。なお、この期限が土曜日、日曜日、祝日などに当たるときは、これらの日の翌日が期限となる。

正解　3）

1 - 32　贈与

《問》贈与について、次のうち最も不適切なものはどれか。
1 ）贈与税は、その年の 1 月 1 日から12月31日までの間に贈与を受けた
　　財産の価額を合計したものが対象に課税される。
2 ）贈与者の生前に財産を契約に基づいて行う贈与を生前贈与といい、
　　贈与者の死亡によって効力が生じる贈与契約を死因贈与契約とい
　　う。
3 ）贈与税を計算する際の基礎控除額は、受贈者 1 人につき年間200万
　　円が限度である。

・解説と解答・

1 ）適切である。贈与税は、個人から贈与により財産を取得した場合に、その
　　取得した財産に課される税である。贈与税は、その年の 1 月 1 日から12月
　　31日までの 1 年間に贈与を受けた財産を合計し、その合計金額から、基礎
　　控除額の110万円を差し引いた残額に贈与税の税率を掛けて計算する。
2 ）適切である。なお、贈与契約は贈与者の「贈与します」と受贈者の「贈与
　　を受けます」の意思が一致することをもって成立する契約である（民法
　　549条、554条）。
3 ）不適切である。贈与税を計算する際の基礎控除額は、受贈者 1 人につき年
　　間110万円が限度である（租税特別措置法70条の 2 の 4 ）。

<u>正解　3 ）</u>

1－33　贈与税の配偶者控除

《問》贈与税の配偶者控除について、次のうち最も不適切なものはどれ
か。
1）婚姻期間が20年以上ある夫婦の間で、居住用の不動産やその購入資
金を贈与する場合、贈与税の配偶者控除の特例を適用することがで
きる。
2）贈与税の配偶者控除は最大2,000万円の特別控除が適用されるが、
暦年贈与の基礎控除110万円と併用することはできない。
3）通常の生前贈与による財産は、贈与から7年以内に贈与者について
相続が開始されると相続財産に加えられるが、贈与税の配偶者控除
を適用された財産は相続財産に加えられることはない。

・解説と解答・

1）適切である。本制度は同じ配偶者から一生に1回限り適用可能で、贈与を
受けた翌年3月15日までに受贈者である配偶者が贈与を受けた居住用不動
産に住んでいることと、その後も継続して住み続ける見込みがあることが
適用条件とされる。
2）不適切である。贈与税の配偶者控除と暦年贈与の基礎控除は併用でき、最
大2,110万円までの贈与が非課税となる。
3）適切である。このため、配偶者の余命が間もないタイミングでも有効な生
前贈与の手段となる。なお、令和5年度税制改正により、暦年課税におい
て贈与を受けた財産を相続財産に加算する期間が相続開始前「3年間」か
ら「7年間」に延長され、延長された4年間に受けた贈与のうち総額100
万円までは相続財産に加算しないという見直しが行われた。

正解　2）

1－34　直系尊属からの住宅取得資金の贈与

《問》直系尊属からの住宅取得資金の贈与について、次のうち最も不適切なものはどれか。
1) 直系尊属からの贈与により、一定の基準を満たした自己の居住の用に供する住宅取得資金を取得すると、省エネ等住宅については受贈者ごとに1,000万円、それ以外の住宅については500万円まで、贈与税は非課税となる。
2) 親から子への贈与は非課税の対象となるが、祖父母から孫への贈与は対象とならない。
3) 贈与を受ける者は、贈与を受けた年の1月1日において18歳以上であることが必要である。

・解説と解答・

1) 適切である。なお、適用対象の省エネ住宅については、断熱等性能等級、耐震等級、高齢者等配慮対策等級などでの定められた基準を満たす必要がある。
2) 不適切である。孫にとって祖父母は直系尊属となるため、祖父母からの贈与も非課税対象となる。なお、配偶者の父母は直系尊属に該当しないが、養子縁組をしている場合は直系尊属に該当する。
3) 適切である。贈与を受ける者は、贈与を受けた年の1月1日において成人年齢に達している必要がある。このほかに、贈与を受ける者は贈与を受けた年の所得税に係る年間合計所得金額が2,000万円以下（新築住宅の床面積が40m^{2}以上50m^{2}未満の場合は1,000万円以下）であることが必要である。

正解　2)

1−35　預金保険制度

《問》預金保険制度について、次のうち最も適切なものはどれか。
1）預金保険制度は、全国銀行協会によって運営されている。
2）外貨預金は、預金保険制度による保護の対象とならない。
3）政府系金融機関や外国銀行の在日支店は、預金保険制度の対象となる金融機関に含まれる。

・解説と解答・

　預金保険制度は、預金保険法に基づき、この制度に加入している民間金融機関から保険料を徴収して積み立てておくもので、金融機関が破綻し、預金等の払戻しを停止または停止するおそれのある状態に陥った場合に、金融機関に代わって預金を支払うことによって、信用秩序の維持を図る制度である。預金保険制度は、政府・日銀・民間金融機関の出資により設立された預金保険機構によって運営されている。

　金融システムの安定化を図る観点から、保険の対象となる預金は、決済用預金を除いた合計金額が保険金支払限度額（元本1000万円とその利息等）までしか保護されず、限度額を超える部分については、預金者の自己責任が求められる。

1）不適切である。預金保険制度は、預金保険機構によって運営されている。

2）適切である。外貨預金、譲渡性預金、金融債等は、預金保険制度の対象外である。

3）不適切である。預金保険制度の対象となる日本の金融機関であっても、海外支店は預金保険制度の対象外である。また、政府系金融機関、外国銀行の在日支店も対象外となる。農業協同組合、漁業協同組合および農林中央金庫は、農水産業協同組合貯金保険機構、証券会社は日本投資者保護基金、保険会社は保険契約者保護機構と、それぞれ預金保険制度とは別の保護制度に加入している。

正解　2）

1－36　投資者保護基金

《問》投資者保護基金について、次のうち最も不適切なものはどれか。
1）日本国内で営業する証券会社は、投資者保護基金への加入義務がある。
2）投資者保護基金の補償対象は、個人・法人など適格機関投資家を含むすべての投資家である。
3）有価証券店頭デリバティブ取引、外国の取引所で取引される先物取引は、投資者保護基金による保護の対象とならない。

● 解説と解答 ●

投資者保護基金は、証券会社が破綻やそれ以外の財政的な困難のために、分別管理の義務に違反したことによって、顧客の金銭や有価証券を返還することができない場合、顧客それぞれに対し上限1,000万円までの補償の支払いにより、投資者保護を実行する。

本基金の補償を受けることができるのは、会員証券会社の顧客のうち、金融機関などの適格機関投資家や国、地方公共団体など、いわゆる「プロの投資家」を除いた一般の顧客である。銀行などの証券会社以外の金融機関は、本基金の会員ではないため、銀行などで購入された投資信託は本基金の補償対象にはならない（なお、銀行などで購入した場合でも分別管理は義務付けられている）。

1）適切である。
2）不適切である。一般の法人は本基金の対象であるが、適格機関投資家はプロであり、本基金の補償対象外である。
3）適切である。本基金の補償の対象となる取引には、株式、公社債、投資信託、株式の信用取引に係る保証金、国内取引所の有価証券先物取引や有価オプション取引に係る保証金、国内取引所の株価指数証拠金取引に係る証拠金がある。一方、有価証券店頭デリバティブ取引、海外取引所の有価証券市場デリバティブ取引、取引所の通貨関連取引、外国為替証拠金取引、信託受益権等に基づく権利のような第二種金融商品取引業の金融商品に該当するものの取引などは、本基金の補償を受けることはできない。

正解　2）

1-37　日銀代理店業務

《問》日銀代理店業務について、次のうち最も不適切なものはどれか。
1）日銀代理店業務を営む金融機関と日本銀行の法律関係は、委任契約
の受任者と委任者の関係にある。
2）日銀代理店のうち一般代理店は、国庫金の受け入れと支払の両方の
事務を取扱い、その業務内容・機能は日本銀行の支店とほぼ同様で
ある。
3）歳入復代理店は、日本銀行から直接に委託を受けて国庫金の受け入
れのみを専門に取扱う。

・解説と解答・

　日本銀行は、わが国の中央銀行として、国税の受入や年金の支払など、国の
資金の受払の事務（国庫金の出納事務）を取り扱っている。国庫金の出納は件
数が膨大なうえ、多数の関係者が全国に分散しているため、日本銀行本店およ
び支店でこれを取扱うだけでなく、国民および官庁の利便を図り、あわせて国
庫金の出納事務の円滑な運営を期する目的から、日本銀行は、全国の金融機関
や銀行代理業者等の店舗に代理店を設置し、国庫金の出納事務を委任してい
る。
1）適切である。日本銀行は一定の要綱基準を満たして代理店業務の取扱いを
希望する金融機関との間で代理店事務委任に関する契約を締結して代理店
とするため、両者の関係は委任関係となる。
2）適切である。一般代理店とは、国と官庁と取引を行い、国庫金の受払いや
国債の元利金の支払いなど広範な事務を取り扱う代理店である。
3）不適切である。歳入復代理店は、歳入代理店事務を取扱う金融機関から再
委託を受けて国庫金の受け入れのみを取扱う代理店である。

<u>正解　3）</u>

1－38　地方公共団体の公金事務

《問》地方公共団体の公金事務について、次のうち最も適切なものはどれ
　　か。
　1）指定金融機関は、当該金融機関の判断で他の金融機関に一部の公金
　　　事務を再委託することができる。
　2）地方公共団体の公金事務の再委託の契約は、地方公共団体と再委託
　　　を受ける代理金融機関との間で締結する。
　3）代理金融機関には、収納代理金融機関のほか、公金の収納と支払の
　　　双方の事務を取り扱う指定代理金融機関がある。

・解説と解答・

　地方公共団体には、都道府県、市町村などの普通地方公共団体と、特別区
（東京都の区）、地方公共団体の組合、財産区などの特別地方公共団体がある。
　地方公共団体の公金出納事務は、会計管理者の職務権限となっているが、事
務処理の効率化と安全性を図る観点から、指定金融機関制度が採用されてい
る。本制度の利用にあたっては、都道府県は必ず1つの金融機関との間で公金
事務取扱契約を締結することになっている。
1）不適切である。指定金融機関に委託された公金事務の一部を、指定金融機
　　関から他の金融機関に再委託することができるのは、地方公共団体の長の
　　権限である。
2）不適切である。再委託契約は、指定代理金融機関と再委託を受ける金融機
　　関とで締結する。
3）適切である。収納代理金融機関は、収納事務のみを取り扱う。

正解　3）

1－39 株式配当金の支払事務

《問》株式配当金の支払事務について、次のうち最も不適切なものはどれ
か。
1）一般に、会社が株主に配当金を支払う方法には、振込制と領収証制
との2つがあり、株主の指定により決定する。
2）会社が株式配当金の支払事務を金融機関に委託する場合には、株式
配当金支払事務委託書を提出する。
3）領収証制による場合には、領収証の支払金融機関となっていない金
融機関は、株主から取立の依頼を受けることはできない。

●解説と解答●

1）適切である。振込制による配当金の支払いは、会社があらかじめ株主から
配当金振込指定書を受け入れ、これに基づいて株主の預金口座に配当金を
振り込む。領収証制においては、株主に対して発行される配当金領収証に
より、現金支払や口座への入金等により株主へ配当金が支払われる。
2）適切である。会社が株式配当金を支払う場合、金融機関に対して支払事務
を委託する。会社は金融機関に対して、全銀協で統一されている株式配当
金支払事務委託書を提出し、金融機関はそれに従って事務を行う。
3）不適切である。配当金領収証の支払金融機関の数は限られているが、それ
以外の金融機関が株主から取立を依頼された場合には、支払金融機関との
間で手形交換または内国為替によって取り立てることができる。

正解　3）

1－40　株式の仮装払込み

《問》次の文章の（　　　）内にあてはまる語句の組合せとして、最も適切なものはどれか。

> 　株式の仮装払込みには、（　イ　）と（　ロ　）がある。（イ）については、これに応じた金融機関の役職員は、刑事責任を問われることになる。

1）イ．見せ金　　　ロ．導入預金
2）イ．預合い　　　ロ．見せ金
3）イ．預合い　　　ロ．導入預金

・解説と解答・

　株式の払込みのうち、問題となるものに預合いと見せ金がある。いずれも仮装払込みと呼ばれるもので、払込取扱金融機関との通謀があるものが預合いで、ないものが見せ金である。金融機関の役職員が預合いに応じると、応預合罪に該当し、刑事責任を問われることになる（会社法965条）。

<u>正解　2）</u>

1-41 払込金保管証明書

《問》次の文章の（　　　　）内にあてはまる語句の組合せとして、最も適切なものはどれか。

株式会社の設立方法には、発起設立と募集設立があるが、（　イ　）の場合は払込金保管証明書の添付が不要である。（イ）以外の場合、払込金保管証明書を交付した銀行等は、当該証明書の記載が事実と異なることまたは払い込まれた金銭の返還に制限があることを、成立後の会社に対して主張することが（　ロ　）。

1）イ．募集設立　　　　ロ．できる
2）イ．発起設立　　　　ロ．できない
3）イ．募集設立　　　　ロ．できない

● 解説と解答 ●

・払込金保管証明書の取扱い

設立方法	取扱い
発起設立…発起人のみが出資者となる設立方法	出資金の払込について、「払込みがあったことを証する書面」として、銀行口座の残高証明書等を添付する
募集設立…発起人以外の者も設立に際して出資者となる設立方法	払込金融機関による「払込金保管証明書」が必要
増資（新株発行、募集株式の発行）	「払込みがあったことを証する書面」を添付して変更登記申請

払込金保管証明書制度は、発起設立の場合には適用されない。また、払込金保管証明書を交付した銀行は、同保管証明書に記載された金額の支払を拒むことはできない（会社法64条2項）。

正解　2）

1－42　保護預りの法的性格

《問》次の文章の（　　　　）内にあてはまる語句として、最も適切なものはどれか。

> 　披封保護預り・封緘^{ふうかん}保護預りなどの保護預りの法的性格は、通常、有償の（　　　　）と解されており、預金、融資や貸金庫とは性質が異なる。

1）賃貸借契約
2）委任契約
3）寄託契約

・解説と解答・

　保護預りとは、金融機関が手数料を徴収して、顧客が所有する有価証券等を火災・盗難から保管することをいい、金融機関は、寄託されたものを原状のまま維持・保管し、その返還に際しては、現物を引き渡さなければならないとされている。そのため、その法的性格は、通常、有償の寄託契約とされている。

　有価証券などを開封のまま預かることを披封預り、預り品に対して封をして内容を明らかにしないで預かることを封緘預りという。封緘預りの範囲は有価証券、預金証書などの他、貴金属、宝石その他の貴重品も対象となっている。

　ただし、次のようなものは預かることはできない。

　・危険物、腐敗または破損しやすいもの
　・第三者に損害を与えるおそれのあるもの
　・所有または所持することが、法令に違反するもの
　・その他保管上、不適当と認められるもの

<u>　正解　3）</u>

1-43　貸金庫取引

《問》次の文章の（　　　）内にあてはまる語句として、最も適切なもの
　　　はどれか。

> 　貸金庫取引は、顧客の重要書類や貴重品などの保管のために、金
> 庫室の保護箱などを有料で貸し出すものであり、一般に、その法的
> 性質は貸金庫自体の（　　　）とされている。

1）寄託契約
2）使用貸借契約
3）賃貸借契約

・解説と解答・

　貸金庫取引は、保護箱であるキャビネットなどを有料で使用させる賃貸借契
約であるというのが通説であり、顧客は貸金庫専用の鍵（またはカード）を用
いて、保管物の出し入れを行うことができる。金融機関は、キャビネット自体
の安全な維持・管理と、貸金庫の開扉に協力する責任を負う。

正解　3）

第2章

預　　金

2-1 預金契約の法的性質

《問》預金契約の法的性質について、次のうち最も不適切なものはどれか。
1）預金契約は、預金者と金融機関との合意によって成立する諾成契約である。
2）預金契約は、金融機関が預かった金銭を自由に運用することができ、それを返却する場合には同種、同質、同量の金銭を払い戻せばよいとされている消費寄託契約である。
3）預金債権は譲渡禁止特約により譲渡できないが、譲渡性預金は、預金証書が有価証券であるため、証書を移転することによって譲渡することができる。

・解説と解答・

1）適切である。預金契約は、預金者と金融機関の合意で成立する諾成契約である（2020年4月1日施行の改正民法（債権関係）による）。なお、店頭入金の場合は、預金者が預入依頼書とともに提出した金銭について、金融機関の窓口職員が依頼書記載の金額との合致を確認したうえで受け入れたときに、預金債権・債務関係が成立する。

2）適切である。預金契約は金銭の消費寄託契約の性質を持つとされている。（民法666条1項）

3）不適切である。預金債権は、債権者が特定している債権であって、預金通帳・預金証書は債権の存在を証明する証拠証券である。譲渡性預金の証書も同様である。預金契約には譲渡禁止特約があるため譲渡はできないが、譲渡性預金は、所定の手続きにより譲渡できる旨が、約款に定められている。

正解　3）

2-2 普通預金の払戻し

《問》普通預金の払戻しについて、次のうち最も不適切なものはどれか。
1) キャッシュカードによる場合を除き、現金の払戻しを受けるときは、預金通帳と払戻請求書を提出しなければならない。
2) 無通帳払いをしても、払戻請求書に押捺された印影が届出印鑑と一致していれば、預金規定により免責される。
3) 無通帳払いの場合には、金融機関の注意義務は、通常よりも加重される。

・解説と解答・

1) 適切である。普通預金の払戻しには、預金通帳による取引では、預金通帳と届出印を押捺した払戻請求書の提出を受けて行うものと、銀行所定の手続を経て行う各種料金等の自動支払がある。また、その他にもキャッシュカードのATM等への挿入と暗証番号による支払、および、インターネット等による払戻しがある。このうち、預金通帳による払戻しとキャッシュカードによる払戻しの場合は、現金の払戻しが可能であるが、自動支払とインターネットによる払戻しは現金の払戻しを対象としていない。

2) 不適切である。預金規定に定められている方法による限り、たとえ事故等があっても金融機関は過失がなければ免責されるが、預金通帳の提出がないときは、規定どおりの取扱いではないので、免責を受けられるとは限らない。

3) 適切である。無通帳払いのような預金規定と異なる取扱いをするときは、金融機関の注意義務は通常よりも加重される、というのが判例の考え方である。

正解 2)

2－3　普通預金の成立時期

《問》普通預金の預金債権・債務関係の成立時期について、次のうち最も
　　適切なものはどれか。
　1）店頭入金の場合には、テラーが顧客から金銭を受け取り、これを預
　　　入依頼書記載の金額との合致を確認したときに成立する。
　2）夜間金庫利用の場合には、顧客が金銭を入れた所定の入金袋を投入
　　　したときに成立する。
　3）ATMによる入金の場合には、当日の営業終了後に機械内における
　　　現金収支の合致を確認したときに成立する。

・解説と解答・

1）適切である。テラーが顧客より預入依頼書とともに受領した現金につい
　　て、これを依頼書記載の金額との合致を確認した時に預金債権・債務関係
　　は成立する。
2）不適切である。夜間金庫規定において、夜間金庫による入金については、
　　次の窓口営業時間開始後、金融機関所定の手続により確認のうえ、指定の
　　預金口座に受け入れたときに預金債権・債務関係が成立するとされている
　　のが通例である。
3）不適切である。ATMによる入金については、機械が金銭を数え、預金者
　　がその金額を確認すると、預金債権・債務関係が成立する。データは即時
　　に事務センター等に送られ、そこで元帳記帳を行い、通帳に預金額が印字
　　される。

正解　1）

2－4　預金債権の時効

《問》次の文章の（　　　）内にあてはまる語句として、最も適切なもの
はどれか。

> 預金債権を有していても、一定期間これを行使しない状態が続く
> と（　　　）にかかり、金融機関は、預金者から請求があっても、
> その払戻しを行わないことができる。

1）消滅時効
2）取得時効
3）時効の更新

● 解説と解答 ●

　債権者がその権利を行使しないまま一定期間が経過した場合、債務者が時効
を援用したときは、債務者は、法律上、当該債務の履行を強制されないことと
なる。これを債権の消滅時効という。

　長い間まったく入出金のない普通預金についての実務上の取扱いとしては、
整理の都合上、整理口などに移し、さらに相当期間を経過してから（一般の銀
行の場合は10年超経過後）、雑益組入れ等の処理をし、その後預金者からの払
戻請求があれば、預金者・預金額等を確認後に支払い（雑損勘定の計上等によ
る）、実際には消滅時効を援用しないのが一般的である。なお、民間公益活動
を促進するための休眠預金等に係る資金の活用に関する法律（休眠預金等活用
法）上、2009年1月1日以降に最後の異動があった預金について、最後の異動
以降10年以上異動がない預金等は「休眠預金等」とされ、金融機関は預金者に
対する所定の通知、公告を行ったうえで、預金保険機構に休眠預金等の元本・
利息を移管のために納付することとされている。移管された休眠預金等は、民
間公益活動に活用される。また、休眠預金等は、金融機関から預金保険機構に
納付されたときに消滅するが、その預金者であった者は、金融機関を経由し
て、預金保険機構に対し休眠預金の元利金に相当する休眠預金等代替金の支払
を請求することができる。

正解　1）

2－5　定期預金の期限前解約

《問》定期預金の期限前解約について、次のうち最も適切なものはどれか。

1）期限前解約が行われる場合には、預入期間中の利息は、一般に、解約日の普通預金利率が適用される。
2）預金者から定期預金の期限前解約の申出があった場合には、金融機関は、これを拒むことができるが、実務上は預金者の事情を考慮して解約に応じることがある。
3）預金者から定期預金の期限前解約の申出があった場合には、原則として、満期日到来後の支払の場合と同等の注意をもって対応すればよい。

・解説と解答・

1）不適切である。預入日から解約日の前日までの期間に応じて各金融機関が定める利率が適用される。
2）適切である。なお、「当事者が寄託物の返還の時期を定めたときであっても、寄託者は、いつでもその返還を請求することができる」（民法662条1項）ため、定期預金契約で満期日を定めていても預金者は満期日前に払戻しを請求できることとなる。しかし、金融機関は、定期預金規定に満期日前には払戻請求できない旨の特約を設け、預金者からの期限前解約を拒むことができる。ただし、実際には預金者の事情を個別に考慮し、解約に応じることとしているのが現状である。
3）不適切である。期限前解約は、本来の支払ではないため金融機関の注意義務は重くなり、満期日と同様の対応では不十分である。

正解　2）

2 − 6　定期預金の満期日

《問》定期預金の満期日について、次のうち最も不適切なものはどれか。

1 ）預入日が 5 月31日で預入期間 6 カ月の定期預金の満期日は、応当日
が11月31日となるが、その日付は存在しないため、満期日は12月 1
日になる。

2 ）預入日が 7 月 1 日で預入期間 6 カ月の定期預金の満期日は、翌年の
1 月 1 日で休日だが、満期日は 1 月 1 日である。

3 ） 5 月 9 日に他店券で預入れ（ 5 月10日決済）された、預入期間 6 カ
月の定期預金の満期日は、11月10日である。

● 解説と解答 ●

　定期預金の預入期間の満了日（最終日）が満期日であり、この預入期間の定
め方には、 1 カ月・ 6 カ月・ 1 年・ 3 年などとする「定型方式」と、 1 カ月超
10年未満の間で顧客が指定する「期日指定方式」とがあるが、いずれの方式で
も満期日の定め方は同じで、商慣習に基づき、次のようになっている。

　(イ)受け入れた月から預入期間を数え、その月の預入日の応当日とする。

　(ロ)応当日が存在しない月は、その月の末日とする。

　(ハ)応当日が休日であっても、その日を満期日とする。

　(ニ)他店券の受入れの場合は「預入日」（決済日）を基準とする。

1 ）　不適切である。(ロ)に該当し、満期日は11月30日となる。

2 ）　適切である。(ハ)に該当する。

3 ）　適切である。(ニ)に該当し、受入日は 5 月 9 日であるが、他店券で預入れさ
れたため、預入日は 5 月10日、満期日は 6 カ月後の11月10日となる。

<u>正解　 1 ）</u>

2－7　定期預金の利息計算

《問》次の文章の（　　　　）内にあてはまる語句の組合せとして、最も適切なものはどれか。

> 　預金利息の日数計算においては、原則として（　イ　）から（　ロ　）までの日数を計算する。

1）イ．預入日の当日　　　ロ．払出日の前日
2）イ．預入日の当日　　　ロ．払出日の当日
3）イ．預入日の翌日　　　ロ．払出日の前日

・解説と解答・

　預金利息の日数計算においては、原則として、預入日の当日から払出日の前日までの日数を計算する。

　一般的に利息計算の際の付利期間の数え方には、片端入れと両端入れがあり、預金の場合の利息計算の日数は、原則として預入日の当日から、払戻日の前日までの片端入れとされている。

正解　1）

2－8 積立定期預金

> 《問》積立定期預金について、次のうち最も不適切なものはどれか。
> 1）取引対象は、法人・個人、任意団体など、誰でも利用することがで
>   きる。
> 2）一般に、最終預入日から、最低1年間の据置期間が必要である。
> 3）複数回の預入れがあっても、1口の預金となる。

・解説と解答・

　積立定期預金は、旅行、入学、結婚費用などの目的のため、少額を計画的に
預けていき、貯蓄の基礎をつくることに利用されている。最低預入金額は1円
以上、預入期間は一般的に6カ月以上5年以内となっている。
1）適切である。積立定期預金の取引対象には制限はない。
2）不適切である。定期預金の性格から、最終預入れから一定の据置期間を置
　く必要があるが、その期間は一般的には、1カ月とされている。
3）適切である。一般の定期預金とは異なり、複数回の預入れがあっても、普
　通預金と同様、1口の預金とされている。

正解　2）

2－9 定期積金の取扱い

《問》定期積金の取扱いについて、次のうち最も不適切なものはどれか。
 1）満期前に定期積金の中途解約に応じる場合は、通常、払い込まれた
 掛金積数を普通預金利率で計算し、預金利息として支払う。
 2）金融機関側に過失がなく、顧客の入金が当初の条件の日より遅れた
 場合には、金融機関は遅延利息を徴収するか、あるいは、満期日を
 遅延利息に相当する日数だけ繰り延べることになる。
 3）入金日が当初の条件の日より早かった場合は、満期日がその分だけ
 繰り上がる。

・解説と解答・

　定期積金は当事者間の合意だけで成立する諾成契約である。定期積金は、顧
客が集金や自動振替によって当初の条件どおりに払い込んだ際には、金融機関
側に、掛金に給付補てん金を加えた給付契約金を支払う義務が生じる。顧客に
掛金を当初の条件どおりに入金しなければならないという義務は生じないとさ
れるが、入金の時期については利息相当額による給付補てん金の調整が行われ
る。また、掛金が払い込まれなかったときは、払い込まれた掛金とこれに対す
る払込みから満期日までの利息相当額が支払われる。
　また、給付補てん金は、所得税法上は雑所得だが、預金利息などの利子所得
と同様に20.315％（所得税15.315％、住民税5％）の税率により源泉分離課税
される。なお、マル優の適用はない。
1）適切である。
2）適切である。なお、金融機関担当者の掛金集金遅延等、遅延責任が金融機
　関側にある場合には、顧客に満期日の遅延請求や遅延利息の請求を行うこ
　とができず、当初の約定満期日に給付契約金を支払わなければならない。
3）不適切である。顧客の入金が早かった場合には、先払割引金が支払われる
　が、満期日の繰上げは行われない。

<u>正解　3）</u>

2－10　定期積金の給付補てん金

> 《問》定期積金の給付補てん金について、次のうち最も適切なものはどれ
> 　　か。
> 　1）定期積金契約の満期日に、金融機関が顧客に支払う給付契約金は、
> 　　　掛金の総額に給付補てん金を加えたものである。
> 　2）給付補てん金は所得税法上は利子所得とされ、契約者が個人の場合
> 　　　は20.315％（復興特別税を含む所得税15.315％、住民税5％）の源
> 　　　泉分離課税がされる。
> 　3）給付補てん金は少額貯蓄非課税制度（マル優）の対象である。

・解説と解答・

　定期積金契約は、預金契約のような消費寄託ではなく、積金者が一定の期間
内に数回にわたって金銭（掛金）を払い込めば満期日に一定額の金銭が給付さ
れるという契約である。
　金融機関は、掛金の総額に預金の利息に当たる給付補てん金を加えたもの
を、満期日に給付契約金として預金者に支払う。
1）適切である。
2）不適切である。給付補てん金は所得税法上は雑所得とされるが、源泉分離
　　課税の対象とされている。なお、税率は利子所得と同じである（租税特別
　　措置法41条の10）。そのため、他の所得とは合算せず、確定申告の必要は
　　ない。
3）不適切である。給付補てん金は少額貯蓄非課税制度（マル優）の対象とは
　　ならない。

正解　1）

2−11 外貨預金（Ⅰ）

《問》外貨預金について、次のうち最も適切なものはどれか。
1）外貨預金を預け入れるために、銀行に円貨を払い込んだときは、その円貨の額に相当する外貨の額によって預金額が表示されるものであり、金融機関が預かっているのは、払い込まれた円貨のままである。
2）預入時に先物為替予約を付けることにより、円ベースでの最終利回りを確定させることができる。
3）日本国内に本店を有する金融機関が日本国内で受け入れた外貨預金は、わが国の預金保険制度による保護の対象となる。

● 解説と解答 ●

1）不適切である。外貨預金の預金者は、銀行から円貨でその円貨の額に相当する額の外貨を買って、その外貨を銀行に預け入れるものであり、外貨預金で金融機関が預かっているのはその外貨である。
2）適切である。先物為替予約を行った場合、為替相場の変動によるリスクはなくなり、円ベースでの最終利回りを確定することができる。
3）不適切である。外貨預金は、どこの金融機関であったとしても、預金保険制度の保護対象とはならない。

正解　2）

2−12　外貨預金（Ⅱ）

《問》外貨預金について、次のうち最も適切なものはどれか。
1）外貨預金の金利は、市場金利などに基づいて各金融機関所定の方法で決められる。
2）外貨預金契約を締結する際には、為替変動リスクがあること、預金保険制度の対象外であること、および為替手数料について口頭で説明すれば、顧客への契約締結前交付書面の交付を省略することができる。
3）先物為替予約を付けていない外貨預金は、為替相場の変動による為替変動リスクがあるため、預入時に比べて円安になると、元本割れするおそれがある。

・解説と解答・

1）適切である。
2）不適切である。外貨預金はリスク性商品であり、契約締結前に、顧客への契約締結前交付書面の交付義務がある（銀行法13条の4、金融商品取引法37条の3）。
3）不適切である。預入時に比べて、払戻時に円安になっているときは、為替差益が得られる。また、預入時に比べて、払戻時に円高となると為替差損が発生し、元本割れするおそれがある。

正解　1）

2−13 外貨預金受入れ時の留意点

《問》外貨預金受入れ時の留意点について、次のうち最も適切なものはど
れか。
1）米ドル建の外貨預金は、預金保険制度の保護の対象となる。
2）外貨預金は預金であるため、契約を締結するにあたって、顧客の外
貨預金に係る知識や投資目的等について把握する必要はない。
3）外貨預金の契約を締結した場合には、遅滞なく、契約締結時交付書
面を顧客へ交付する必要がある。

・解説と解答・

1）不適切である。全ての外貨預金は預金保険制度の保護の対象外となる。
2）不適切である。外貨預金はリスク性商品であり、適合性の原則が適用され
るので、顧客の外貨預金に関する知識、取引の経験や契約を締結する目的
を把握する必要がある（銀行法13条の4、金融商品取引法40条）。
3）適切である。契約締結時交付書面とは、元本割れなどの可能性がある金融
商品取引に際し、その契約内容を顧客に確認いただくため、銀行法および
金融商品取引法に基づき交付される書面である（銀行法13条の4、金融商
品取引法37条の4）。

正解　3）

2 - 14　外貨定期預金

《問》次の文章の（　　　）内にあてはまる語句として、最も適切なものはどれか。

> 外貨定期預金には、預金預入日までに、満期日に合わせて先物為替予約を締結するものと、先物為替予約を締結しないものがあり、後者を（　　　）外貨定期預金という。

1) スワップ付
2) クローズド型
3) オープン型

・解説と解答・

　外貨定期預金は期間を定めて預け入れる外貨預金で、期間中は、原則として払戻しができない。このため、為替変動リスクを回避するために、満期日前に、満期日における先物為替予約を締結することもできる。預入日までに、満期日に合わせた先物為替予約を締結するスワップ付外貨定期預金（先物予約付外貨定期預金ともいう）と、先物為替予約を締結しないオープン型外貨定期預金がある。

<u>正解　3)</u>

2－15　外貨預金の利子課税

《問》次の文章の（　　　）内にあてはまる語句の組合せとして、最も適切なものはどれか。

> 個人が、日本国内の金融機関等に預け入れた外貨預金の利子は（　イ　）として、為替差益は（　ロ　）として所得税の課税対象となる。

1）イ．一時所得　　　ロ．配当所得
2）イ．利子所得　　　ロ．雑所得
3）イ．利子所得　　　ロ．一時所得

● 解説と解答 ●

　一時所得は、営利を目的とする継続的行為から生じた所得以外の所得で、労務や役務の対価としての性質や資産の譲渡による対価としての性質を有しない一時的な所得をいう。

　利子所得は、預貯金や公社債の利子、合同運用信託や公社債投資信託および公募公社債等運用投資信託の収益の分配に係る所得をいう。外貨預金の利子は、利子所得に当たる。

　配当所得は、株主や出資者が法人から受ける配当、投資信託および特定受益証券発行信託の収益の分配などに関わる所得をいう。

　雑所得は、所得税における課税所得の区分のうち、他の9種類の所得（利子所得、配当所得、不動産所得、事業所得、給与所得、退職所得、山林所得、譲渡所得、一時所得）のいずれにも該当しない所得のことをいう。そのため、為替差益は、雑所得に当たる。

正解　2）

2－16 貯蓄預金の取扱い

《問》貯蓄預金の取扱いについて、次のうち最も不適切なものはどれか。
 1）貯蓄預金では、スウィングサービスの特約によって、普通預金から
    貯蓄預金への振替（順スウィング）、または貯蓄預金から普通預金
    への振替（逆スウィング）をすることができる。
 2）貯蓄預金は、個人の顧客に対してのみ取り扱うことができる。
 3）貯蓄預金は、要求払預金であり、預金口座振替や給与振込にも利用
    することができる。

・解説と解答・

　「貯蓄預金」は、一般に、残高が定められた金額（基準残高）以上ある場合
に、普通預金より金利が高くなる預金である。マル優も利用可である。
1）適切である。スウィングサービスの特約は、同一預金者の口座間の資金の
　移動を目的としたものとして認められている。
2）適切である。貯蓄預金の販売対象は個人に限定されている。
3）不適切である。貯蓄預金は、公共料金等の口座振替や年金・給与等の振込
　のように、自動的に受払いが行われるものについては制限されている。

<u>正解　3）</u>

2－17　納税準備預金

《問》次の文章の（　　　）内にあてはまる語句の組合せとして、最も適
切なものはどれか。

　　納税準備預金を納税以外の目的で払い戻す場合に適用される利率
　は（　イ　）であり、利息は（　ロ　）となる。

1　イ．普通預金利率　　　　　ロ．非課税扱い
2　イ．普通預金利率　　　　　ロ．課税扱い
3　イ．納税準備預金利率　　　ロ．課税扱い

● 解説と解答 ●

　納税準備預金とは、納税に充てる資金に限って預け入れるための預金であ
る。一般に、利率が普通預金よりも高く設定されており、利息は非課税となっ
ている。
　しかし、納税以外の目的で払い戻す場合には、原則として課税扱いとなり、
普通預金利率が適用される。

正解　2）

2-18 譲渡性預金

《問》譲渡性預金について、次のうち最も不適切なものはどれか。

1) 譲渡性預金は、預金保険制度による保護の対象となる。
2) 譲渡性預金は、中途解約が認められていない代わりに譲渡することができる。
3) 通常、譲渡性預金は、証券類による受入れはできない。

・解説と解答・

譲渡性預金は、法律上、預金の一種に位置づけられており、一般には「CD (Certificate of Deposit)」と呼ばれている。満期日前に第三者に譲渡することができる定期預金証書である。個人・法人ともに利用することが可能で、最低預入金額は1,000万円以上である。

1) 不適切である。譲渡性預金は、預金保険制度による保護の対象とならない。
2) 適切である。譲渡性預金は、他の預金と異なり、譲渡することができるが、預金である以上、譲渡人と譲受人との合意によって譲渡することになる。
3) 適切である。通常、譲渡性預金規定には、「証券類の受入れ」の条項はない。

<u>正解 1)</u>

2-19 総合口座の即時支払

《問》次の文章の（　　　　）内にあてはまる語句として、最も適切なものはどれか。

　一般に、総合口座取引において、（　　　　）には、金融機関はただちに貸越を中止したうえで、貸越取引を解約し、貸越元利金の支払を請求できることとされている。

1）貸越金の利息組入れにより貸越極度額が超過した場合
2）預金者に相続の開始があった場合
3）預金者が住所を移転した場合

・解説と解答・

　総合口座の貸越契約は、貸越極度額内であればいつでも金銭を貸し出すという契約であるため、金融機関はその範囲で貸出義務を負うことになる。そこで、預金者に一定の事由が生じた場合、貸越を中止し、貸越契約を解約し、貸越元利金の支払を請求できることにしている。これが、総合口座取引における即時支払の趣旨である（総合口座取引規定ひな型12条）。

　同規定ひな型では、金融機関から請求がなくても、直ちに預金者に支払義務が生じる場合が1項に、金融機関から請求がありしだい、支払義務が生じる場合が2項に規定されている。

1）不適切である。通常、極度額超過後6カ月を経過したときに適用される。
2）適切である。ひな型では即時支払が適用される例として規定されている。相続が開始すると、貸越金などの債務は自動的に相続人に引き継がれる。ここで、即時支払条項が適用されず、総合口座取引が終了しないとすると、金融機関は、当初予期していなかった者との与信取引を強制される結果となる。これは、金融機関としては好ましくないことで、相続の開始は貸越取引の終了事由、即時支払条項の適用事由としているのが通常である。
3）不適切である。単に住所を移転するだけでなく、届出を怠り預金者の所在が明らかでなくなったときなどに適用されるもので、その事実が発生しただけで、ただちに適用されるものではない。

<u>正解　2）</u>

2−20 総合口座の質権設定順位等

《問》次の文章の（　　　　）内にあてはまる語句として、最も適切なものはどれか。

> 　一般に、総合口座取引において、当座貸越に適用される利率は、担保となる定期預金の利率に0.5%を加えたものとされている。この場合に、利率の異なる定期預金が数口あるときは、通常、（　　　　）ほうから順に質権を設定する。

1）定期預金利率の低い
2）定期預金利率の高い
3）預入日の早い

・解説と解答・

　総合口座取引は、普通預金の残高が不足した場合、不足額については定期預金等を担保に自動借入ができるしくみである。返済は、普通預金に入金すれば、自動的に返済が行われる。対象は成年者である個人顧客に限られている。

　総合口座取引において、当座貸越が生じた場合の利息の支払については、総合口座取引規定に定められている。設問のように、利率の異なる定期預金が数口ある場合には、質権設定順位の決定にあたり、預金者の負担軽減を考慮するのが適切であり、利率の低いものから順に担保に充てるのが通常である。

正解　1）

2 −21 別段預金

《問》別段預金について、次のうち最も不適切なものはどれか。
1) 別段預金は金融機関の業務上発生する未決済・未整理の一時的な保
管金、その他の預り金で、他の預金種目で取り扱うことが不適切な
ものを便宜的に処理するために受け入れる預金である。
2) 別段預金には原則として付利しない。
3) 別段預金は預金保険制度による保護の対象外である。

・解説と解答・

1) 適切である。別段預金の性質の的確な記述内容である。
2) 適切である。別段預金は付利しないのが大原則であるが、ごく例外的に付
利することもある。
3) 不適切である。別段預金は預金保険制度による保護の対象とされている。

正解　3)

2-22 相続預金の取扱い

> 《問》相続預金の取扱いについて、次のうち最も不適切なものはどれか。
> 1) 金融機関が預金者死亡の事実を知らずに、その家族に対して通常の手続により当該預金を払い戻した場合、金融機関が無過失であれば、その払戻しは有効とされる。
> 2) 金融機関は、預金者死亡の事実を戸籍記載事項証明書などによって確認するとともに、死亡した預金者の取引内容を調査のうえ、原則として相続手続終了まですべての取引を停止する。
> 3) 預金者が遺言をしないで死亡した場合、相続分は相続人の代表者の申出に従って処理されるため、相続預金を払い戻す場合には、代表者から払戻請求書を提出してもらう。

・解説と解答・

1) 適切である。例えば、預金証書・通帳と届出印鑑の押印してある払戻請求書に基づいて払い戻したものであり、かつ金融機関が無過失であればその払戻しは有効であり、金融機関は免責されると解されている。

2) 適切である。預金取引だけでなく、融資、外国為替取引の有無、口座振替、貸金庫などの取引の有無を調べ、原則として相続手続の終了まで、通常の手続による取引は停止する。

3) 不適切である。遺言をしないで預金者が死亡した場合には、遺産分割協議または遺産分割審判による手続を行うことが必要になる。遺産分割協議の結果による場合は、相続人が誰であるかを被相続人に関する戸籍記載事項証明書などに基づき確認し、預金の払戻しを行うことになる。なお、遺産分割の成立前において、各相続人は、相続預金のうち、相続開始時の残高の3分の1に法定相続分を乗じ、かつ、1つの金融機関当たり合計150万円以下での払戻しを請求することができる（民法909条の2、民法909条の2に規定する法務省令で定める額を定める省令）。

正解 3)

2-23 預金利子課税制度

《問》預金利子課税制度について、次のうち最も不適切なものはどれか。
なお、復興特別所得税について考慮するものとする。
1）利子所得に対しては、その利子のうちの20.315%が、個人、法人とも源泉分離課税方式により徴収され、課税関係は終了する。
2）わが国に居住してから1年未満の場合や、海外赴任中の人は、税法上非居住者として扱われており、住民税は非課税扱いとされている。
3）預金利子に対しては、20.315%が源泉徴収方式で課税されているが、その内訳は、国税が15.315%、地方税が5％となっている。

・解説と解答・

1）不適切である。2016年1月1日より、法人の利子所得に対して課税されていた地方税5％（利子割）が廃止となった。なお、個人の場合は、20.315%が源泉徴収されるだけで課税関係は終了し、他の所得と合算されることはない。これを源泉分離課税制度という。
2）適切である。海外赴任のため出国することにより日本に住所を有しなくなる場合には、その出国の日の属する年の翌年以降は、原則として住民税が課されない。
3）適切である。預金の利子課税では、2013年1月1日から2037年12月31日まで復興特別所得税が追加課税されるため、20.315%（国税15.315%、地方税5％）の税金が課せられる。

正解　1）

2−24 勤労者財産形成貯蓄制度（財形貯蓄制度）

《問》次の文章の（　　　）内にあてはまる語句の組合せとして、最も適切なものはどれか。

> 一般財形貯蓄は給与からの天引き、事業主による預入事務代行により（　イ　）以上定期的に積み立てる必要がある。また、財形年金貯蓄および財形住宅貯蓄も給与天引きにより、（　ロ　）以上定期的に積み立てる必要がある。

1）イ．1年　　　ロ．3年
2）イ．5年　　　ロ．3年
3）イ．3年　　　ロ．5年

・解説と解答・

　勤労者財産形成貯蓄制度（財形貯蓄制度）は、勤労者の貯蓄の優遇と持家の取得ならびに年金資産の保有促進を援助することを主な目的とした制度であり、一般財形貯蓄、財形年金貯蓄、財形住宅貯蓄の3つの種類がある。一般財形貯蓄は定期的に3年以上、財形年金貯蓄および財形住宅貯蓄は定期的に5年以上の積立てが必要である。

種類	目的	税制優遇措置
一般財形貯蓄	自由	なし
財形年金貯蓄（※）	年金として受取（満60歳以上）	財形住宅と合算して550万円まで利子非課税
財形住宅貯蓄（※）	住宅の取得・増改築の費用に充当	財形年金と合算して550万円まで利子非課税

（※）契約時に55歳未満である勤労者が加入できる。

<u>正解　3）</u>

2－25　財形年金貯蓄非課税制度の要件違反

《問》次の文章の（　　　）内にあてはまる語句として、最も適切なものはどれか。

　財形年金貯蓄非課税制度（財形年金貯蓄）において、年金以外の目的で払戻しをした場合には、最長過去（　　　）に支払われた利子について追徴課税される。

1）1年間
2）3年間
3）5年間

● 解説と解答 ●

　財形年金貯蓄非課税制度には、非課税限度額、非課税手続、払出しの制限等非課税の適用を受けるための要件がある。この要件を欠いた場合には、その後非課税扱いが受けられなくなるだけでなく、過去の支払利子のうち5年間分の利子について遡って20.315％（国税15.315％、地方税5％）の税率による追徴課税の対象となる。

　また、本制度は年金以外の払出しをすると、目的外の払出しとみなされ、全額が解約される。例外として、災害、疾病、寡婦または寡夫となった等の理由による払出しは、非課税となる。

<u>正解　3）</u>

第3章

手形・小切手、内国為替

3－1　当座勘定取引の開始等

《問》当座勘定取引の開始等について、次のうち最も不適切なものはどれ
か。
1）当座勘定取引を開始する際には、個人・法人を問わず権利能力・行
為能力の有無・制限等についての確認が必要である。
2）当座勘定取引を開始する際には、取引先について取引停止処分を受
けていないかをはじめ、信用についての調査を行う必要がある。
3）金融機関は手形用紙の交付について、取引先が請求する枚数を交付
すべき義務がある。

・解説と解答・

1）適切である。特に個人との取引について、他の預金取引では行為能力の制
限についての確認は行わないが、当座勘定取引は手形・小切手の振出を許
容する一種の信用供与を伴う取引のため、制限行為能力者（未成年者、成
年被後見人、被保佐人、被補助人）でないことと、契約者本人であること
の確認が必要である。
2）適切である。手形交換所（電子交換所）による取引停止処分中の者とは2
年間当座勘定取引が禁止されているため、取引停止処分の有無を始め信用
の調査が必要である。
3）不適切である。取引先による手形の振出行為は、金融機関による信用供与
の性質を持つことから、手形用紙の交付は慎重な配慮が必要である。この
ため取引先の申出についての交付の制限や枚数の制限などを行うことがあ
り、当座勘定規定にも「手形用紙、小切手用紙の請求があった場合には、
必要と認められる枚数を実費で交付します」としている（当座勘定規定ひ
な型8条4項）

正解　3）

3－2　当座貸越取引

《問》当座貸越取引について、次のうち最も不適切なものはどれか。
1）当座貸越とは、当座勘定の残高を超える手形・小切手が支払呈示された場合に、一定限度まで不足資金を金融機関が立て替えて、手形・小切手の支払に応ずる融資のことをいう。
2）当座貸越の利息は、貸越が発生する都度、1件ごとに返済日までの期日分を後取りする。
3）当座貸越の返済は、当座勘定への入金により自動的に行われる。

・解説と解答・

1）適切である。当座貸越とは、取引先と当座貸越契約を結んでおくことにより、当座勘定の残高が不足した場合にその不足分を金融機関が立て替えて融資し、手形・小切手の支払に充当することをいう。
2）不適切である。利息計算については、一定の利息計算期間中の貸越実績により計算し、決算日の翌営業日に一括徴収するのが通例である。
3）適切である。

正解　2）

3－3　当座勘定の入金・支払

> 《問》当座勘定の入金・支払について、次のうち最も不適切なものはどれ
> か。
> 1）当座勘定には、利札、配当金領収証等直ちに取立てが可能なものも
> 受け入れることができる。
> 2）金融機関による小切手の支払保証は、行わないのが一般的である。
> 3）電子交換所における手形・小切手の呈示は、その手形・小切手を支
> 払銀行（支店）へ持ち帰った時点で、支払のための呈示の効力が生
> じる。

・解説と解答・

1）適切である。当座勘定規定ひな型1条1項は、現金のほか、手形、小切
手、利札、郵便為替証書、配当金領収証その他の証券で直ちに取立てので
きるものも受け入れると規定している。
2）適切である。当座勘定規定ひな型13条に定められているとおりである。
3）不適切である。電子交換所における手形・小切手の呈示に、支払のための
呈示の効力があると規定されている（手形法38条2項、77条1項3号、83
条、小切手法31条、69条、手形法第83条及び小切手法第69条の規定による
手形交換所を指定する省令）。

正解　3）

3－4　当座勘定取引の解約

> 《問》当座勘定取引の解約について、次のうち最も適切なものはどれか。
> 1 ）当座勘定取引は、取引先が電子交換所の取引停止処分を受けた場合を除き、金融機関と取引先の合意がなければ、解約することができない。
> 2 ）金融機関が当座勘定取引の解約の通知を届出の住所に宛てて発信した場合に、その通知が延着または到達しなかったときは、通常到達すべき時に到達したものとみなす。
> 3 ）取引先が電子交換所の取引停止処分を受けたために、金融機関が当座勘定取引を解約する場合には、解約通知の取引先への到達のいかんにかかわらず、取引停止処分日に解約されたものとする。

・解説と解答・

　当座勘定取引の解約には大きく分けて、①取引先の都合による解約、②銀行の都合による解約（⑦銀行の相殺を目的とする解約、④取引停止処分などによる強制解約）、および③取引先の死亡などによる委任の終了に基づく解約の3つがある。

1 ）不適切である。当座勘定取引は、当事者の一方の都合でいつでも解約することができる。

2 ）適切である。仮に解約通知が取引先に到達しなかった場合でも、銀行は解約通知が到達したとみなして当座勘定取引を解約することが可能である（当座勘定規定ひな型23条2項）。

3 ）不適切である。電子交換所の取引停止処分に伴う当座勘定取引の解約については、解約の効力が生じるとされる時点は、取引停止処分日ではなく、解約通知が発信された時である。

正解　2 ）

3－5　手形・小切手の支払

《問》手形・小切手の支払について、次のうち最も不適切なものはどれか。

1) 手形法上、約束手形の振出人に対する請求権は、満期の日から5年で時効にかかるとされている。
2) 当座勘定規定上、手形金額、小切手金額の一部支払は行わないこととされている。
3) 小切手が支払呈示期間経過後に支払呈示された場合でも、小切手法上、振出人の支払委託の取消しがない限り、支払うことができるとされている。

・解説と解答・

1) 不適切である。満期の日から3年間で消滅時効が完成する（手形法70条1項、77条1項8号）。
2) 適切である（当座勘定規定ひな型9条2項）。
3) 適切である（小切手法32条2項）。

正解　1)

3－6　当座過振り

《問》当座過振りについて、次のうち最も不適切なものはどれか。
1) 一般に、金融機関は過振りに応じる義務はないとされている。
2) 当座預金残高が不足している取引先から、翌日早朝に入金する旨の申出があれば、担当者の判断で当座過振りを許容してさしつかえない。
3) 当座預金残高に資金化されていない他店券がある場合に、その他店券を見込んで過振りすることを他店券過振りといい、取引先の信用状態などを勘案し、役席者の判断で許容することがある。

● 解説と解答 ●

　当座取引先が、当座預金の残高を越えて手形・小切手を振り出すことを「過振り」という。
1) 適切である。金融機関は、過振りに応じる義務はないが、資金化されていない他店券で取引先に懸念がないときに役席者の判断で過振りを許容することはある。
2) 不適切である。損害やトラブルのリスクがあり、担当者の判断で当座過振りを許容することは避けるべきである。営業店の責任者が必ず取引先の信用状況などを勘案して決定しなければならない。
3) 適切である。通知預金、定期預金などに十分な預金があり、未決済の他店券の決済が見込まれるなどの場合には、営業店の役席者が取引先の信用状態などを勘定して、一次的な過振り状態を許容することがある。

正解　2）

3-7　手形・小切手の性質

> 《問》手形・小切手の性質について、次のうち最も不適切なものはどれ
> か。
> 1）約束手形は、振出により、振出人が一定の金額を、一定の期日に受
> 取人に支払う債務を負担する有価証券である。
> 2）為替手形は、振出により、支払人が、一定金額を受取人に支払う債
> 務を負担する有価証券である。
> 3）小切手は、振出人が、その小切手の受取人もしくは譲受人に、小切
> 手に記載してある一定の金額を支払うことを金融機関に委託した有
> 価証券である。

● 解説と解答 ●

1）適切である。約束手形は、振出人が自ら一定の金額を支払うことを受取人
に約束した有価証券（支払約束証券）である。

2）不適切である。為替手形は、振出人が支払人に対して一定金額を受取人に
支払うよう委託した有価証券である。支払人はこれを引き受けることによ
って一定の金額を、一定の期日に受取人に支払う債務を負担するものであ
る。

3）適切である。為替手形と小切手は、振出人が特定の人に対して一定の金額
を受取人に支払うように委託した有価証券（支払委託証券）である。

<u>正解　2）</u>

3－8　手形の支払呈示期間（I）

《問》次の文章の（　　　）内にあてはまる語句として、最も適切なものはどれか。

> 確定日払いの約束手形は、支払をなすべき日を（　　　）以内に支払呈示しなければならず、この期間内に呈示を行わなければ、振出人に対する権利は存続するが、裏書人に対する遡求権は失われる。

1）除いて満期日以降の3取引日
2）含めて満期日以降の3取引日
3）除いて満期日以降の10取引日

・解説と解答・

　約束手形の振出人や為替手形の引受人に対しては、満期から3年の時効期間内であれば請求権がある。しかし、裏書人などの遡求義務者に対する遡求権を確保しておくためには、支払をなすべき日を含めて支払をなすべき日以降の3取引日（営業日）以内に呈示しなければならない。なお、満期日と支払をなすべき日との関係は、満期日が平日の場合は一致し、満期日が金融機関の休業日の場合は、それに次ぐ営業日が支払をなすべき日となる。

正解　2）

3－9　手形の支払呈示期間（Ⅱ）

《問》次の文章の（　　　）内にあてはまる語句の組合せとして、最も適
　　切なものはどれか。

> 　約束手形は、支払をなすべき日とこれに次ぐ2取引日内の支払呈
> 示期間に呈示しなければならない（一覧払を除く）。この期間内に
> 呈示しなかった場合、（　イ　）に対する権利は存続するが、
> （　ロ　）に対する遡求権は消滅する。

1）イ．振出人　　　ロ．裏書人
2）イ．裏書人　　　ロ．振出人
3）イ．金融機関　　ロ．振出人

・解説と解答・

　振出人は約束手形の満期から3年の時効期間内は債務を負担するが、裏書人
などの遡求義務者に対する遡求権を確保しておくためには、約束手形の支払を
なすべき日とこれに次ぐ2取引日に約束手形を呈示しなければならない。

　支払呈示期間内に約束手形を支払呈示しなかった場合、振出人に対する権利
は存続するが、裏書人に対する遡求権は失われる。

正解　1）

3－10　統一手形用紙制度

《問》統一手形用紙制度について、次のうち最も不適切なものはどれか。
1 ）金融機関が交付した用紙以外の用紙による手形であっても、手形の要件を満たしていれば、法律上は有効である。
2 ）自店が交付した用紙によらない約束手形が支払呈示されても、金融機関は支払わないのが通常の取扱いである。
3 ）当座勘定取引先から手形用紙の交付の申出があれば、金融機関は申出どおりの枚数を交付する義務がある。

・解説と解答・

　統一手形用紙は全国銀行協会が定めた手形の用紙のことである。手形法上は、要件さえ満たしていれば、どのような用紙でも手形として扱われるはずであるが、実務上は統一手形用紙による手形を利用することが一般的である。
1 ）適切である。現在、手形については金融機関の交付した「統一手形用紙」を使用することになっているが、「金融機関の交付した用紙以外の用紙」であっても、手形の要件を備えていれば、法律上は有効な手形である。
2 ）適切である。自店が交付した用紙ではない約束手形が支払呈示された場合、金融機関は、当座勘定規定ひな型8条3項の特約により支払をしない。
3 ）不適切である。当座勘定取引先からの用紙交付の申出については、金融機関が必要と認める枚数を実費で交付すると約定されている（当座勘定規定ひな型8条4項）。したがって、申出どおりの枚数を交付する義務はない。交付に際しては、用紙の交付状況、取引状況を確認する等、慎重な配慮が必要である。

正解　3 ）

3－11　手形の記載事項

《問》手形の記載事項について、次のうち最も不適切なものはどれか。
1) 手形要件は必要的記載事項といわれ、金融機関が発行する統一手形用紙にはその多くが印刷済みである。
2) 確定日払いの手形に記載された利息文句は無駄な記載事項であり、無益的記載事項とされる。
3) 「貸金として」と手形の効力を原因関係に係らせるような記載は無益的記載事項となり、当該手形は効力を生じない。

解説と解答

　手形要件とは、手形用紙に記載されなければ手形として有効に成立し得ない必要的記載事項のことを指す。手形の振出が有効とされるのに必要な形式的要件である。
1) 適切である。例えば、約束手形の手形要件は以下の通りであり、統一手形用紙にはその多くが印刷済みまたは表示すべき箇所を印刷済みである。
（約束手形の手形要件）
「約束手形」との証券を示す文字、一定金額の支払約束、満期、支払地、受取人、振出日および振出地、振出人の署名
2) 適切である。手形に表示された利息文句は、支払日が不確定な場合にその効力が生じる性質のものであり、確定日払いの場合は効力を生じない無駄な記載事項のため、無益の記載事項とされる。
3) 不適切である。手形の効力を原因関係に係らせるような記載は、それによって手形そのものが無効とされることから、有害的記載事項とされる。

正解　3)

3-12　手形の有害的記載事項

《問》手形の有害的記載事項について、次の記述のうち最も不適切なもの
　　はどれか。
　1) 分割払文句は有害的記載事項とされる。
　2) 約束手形の振出人が記載した支払責任を負わない旨の免責文句は有
　　　害的記載事項とされる。
　3) 裏書禁止文句は有害的記載事項とされる。

・解説と解答・

　手形の有害的記載事項とは、それを記載すると記載どおりの効力が生じない
ばかりでなく、手形自体までもが無効になってしまう事項のことである。
　おもに次の6つが該当する。
　①法律で認められていない満期の記載
　②分割払文句
　③手形の効力を原因関係にかからせる記載
　④支払を条件もしくは反対給付にかからせる記載
　⑤支払方法を限定する記載
　⑥約束手形の振出人が記載した支払責任を負わない旨の免責文句
1) 適切である。分割払文句は手形の効力を失わせるため、有害的記載事項と
　　される。
2) 適切である。約束手形の振出人が記載した支払責任を負わない旨の免責文
　　句は、それによって手形の主たる債務者が存在しなくなるため、有害的記
　　載事項とされる。
3) 不適切である。振出人による裏書禁止文句により、当該手形は流通を目的
　　とする指図証券の性質を失い、指名債権譲渡の方法によってのみ譲渡する
　　ことが可能となるが、手形の効力を失わせるものではなく、有益的記載事
　　項とされる。

<u>正解　3)</u>

3－13　手形・小切手の金額の取扱い

> 《問》手形・小切手の金額の取扱いについて、次のうち最も不適切なもの
> はどれか。
> 1）手形・小切手の金額として、「1万円または2万円」または「5万
> 円以上」と記載されている場合には、当該手形・小切手は無効であ
> る。
> 2）当座勘定規定では、手形・小切手の金額は、所定の金額欄に記載の
> 金額によることとされている。
> 3）手形用法・小切手用法では、金額を誤記した場合には、それを訂正
> することが認められている。

・解説と解答・

　手形・小切手法では、金額の記載方法について、一定の金額を表示しなけれ
ばならないと定めてるだけであるが、「1万円または2万円」、「5万円以上」
といった表示は金額として一定していないため無効となる。
1）適切である。手形・小切手の金額として一定しない金額を記載した場合に
　　は、手形・小切手そのものが無効とされる。なお、一定の金額であれば、
　　米ドル等の外貨建ての記載も有効とされる。
2）適切である。当座勘定規定、手形用法・小切手用法に定められているとお
　　りである。なお、手形法では、手形金額が複記してある場合、数字と文字
　　のときは文字による記載が優先し、数字のみまたは文字のみのときは金額
　　の小さい記載が優先するとされている（文字優先・最小金額の原則）。
3）不適切である。手形用法・小切手用法によれば、金額以外の記載事項の訂
　　正については、訂正箇所に届印を捺印することによって訂正することを認
　　めているが、金額の訂正は認められていない。

正解　3）

3−14　白地手形

《問》白地手形について、次のうち最も不適切なものはどれか。
 1 ）手形要件の一部が白地の手形を、そのまま支払呈示した場合、手形
　　法上有効な呈示とはされない。
 2 ）当座勘定規定では、振出日または受取人の記載のない手形が呈示さ
　　れたときは、取引先に連絡することなく支払うことができるとされ
　　ている。
 3 ）振出日または受取人の記載のない手形が満期日に支払呈示され、支
　　払が拒絶された場合には、所持人は遡求権を行使することができ
　　る。

・解説と解答・

　白地手形とは、署名者が後で所持人に補充させよう、という意図で、手形に
記載しなければならない事項のうち、一部または全部をわざと空欄にしたまま
振り出した手形のことである。白地手形の最低必要条件は、振出人か裏書人、
もしくは保証人の署名が少なくとも 1 つあることが求められている。
1 ）適切である。判例では、白地手形は未完成の手形で、白地を補充しないま
　　ま呈示しても、適法な呈示ではないとされている。
2 ）適切である。実務上、振出日と受取人は白地とされることが多く、これを
　　すべて手形要件不備で不渡にすると、金融機関の支払事務負担は過大とな
　　る。このため、当座勘定規定ひな型は、これらが白地とされていても、取
　　引先に連絡することなく支払うことができる旨を特約している（当座勘定
　　規定ひな型17条）。
3 ）不適切である。白地を補充しないままでの呈示が適法な呈示でない以上、
　　手形の所持人は遡求権を取得しない。

<u>正解　 3 ）</u>

3－15　手形の裏書の連続（Ⅰ）

《問》手形の裏書の連続について、次のうち最も適切なものはどれか。
 1 ）白地式裏書で、例えば甲→乙、乙→（白地）、丙→丁とある場合は、裏書の連続を欠くことになる。
 2 ）手形の裏書で、例えば甲→乙（実在しない会社）、乙→丙とある場合は、裏書の連続を欠くことになる。
 3 ）裏書の連続の有無は、手形上の記載に基づいて外形的に判断する。

・解説と解答・

　被裏書人は、裏書によって手形上の権利者と推定され、自分が真の権利者である旨の証明をしなくても、手形上の権利を行使することが必要である。権利の行使のためには、裏書が連続していることが要件となる。
 1 ）不適切である。白地式裏書の次に裏書署名があれば裏書は連続する（手形法16条 1 項、77条 1 項 1 号）。
 2 ）不適切である。実在しない会社の裏書があったとしても、外形的にそれらが連続していれば裏書の連続を欠かない。
 3 ）適切である。手形上の記載で、外見上、形式的に裏書が連続していれば、中間に偽造の裏書や架空の裏書、取消し等によって無効となった裏書があっても、裏書の連続性はあると判断される。

正解　3 ）

3 −16　手形の裏書の連続（Ⅱ）

《問》手形の裏書の連続について、次のうち最も不適切なものはどれか。
 1 ）手形の支払人は、裏書の連続の有無を調査する義務を負っている
　　が、裏書人の署名について調査する義務はない。
 2 ）裏書の連続の有無について、判例上、例えば、被裏書人が「甲」、
　　次の裏書人が「乙会社常務取締役甲」と記載されている場合には、
　　裏書の連続があるとされている。
 3 ）裏書の連続の有無は、手形上の記載に基づいて形式的に判断され
　　る。

・解説と解答・

1 ）適切である。手形の支払人が調査すべき事項として、判例によると、①裏
　　書の連続の有無②手形・小切手用紙③要件の完備④印鑑照合⑤番号⑥盗難
　　届や紛失届の有無⑦その他形式上の不審点などがあげられる。
2 ）不適切である。判例では、被裏書人が個人で次の裏書人が法人である場
　　合、裏書の連続はないとされている。
3 ）適切である。裏書が記載されている外観上で形式的に連続していれば、中
　　間に偽造の裏書や架空の裏書、取消しにより無効となった裏書があって
　　も、裏書の連続があるとされる。

<u>正解　2 ）</u>

3－17　手形の裏書の連続（Ⅲ）

《問》手形の裏書の連続について、次のうち最も適切なものはどれか。
1）受取人がカナ文字で、第一裏書人の署名が漢字で同一人名で記載されている場合、裏書の連続は認められることはない。
2）受取人が旧社名で、第一裏書人の表示として旧・新社名が併記されている場合は、裏書の連続は認められる。
3）受取人として会社名、第一裏書人として代表者の個人名が記載されている場合、裏書の連続は認められる。

解説と解答

1）不適切である。受取人と第一裏書人の表示が一致しているかについては、社会通念上、同一人と認められるかによって判断される。このため、設問のような場合でも、裏書の連続が認められることがある。
2）適切である。旧社名で受け取った手形の裏書については、旧・新社名を併記して裏書をすれば、裏書不連続を事由に不渡としないとするのが電子交換所の扱いである。
3）不適切である。会社と代表者個人とは、人格を異にする。会社で受け取った手形を代表者個人で裏書をしても裏書は連続しない。

正解　2）

3－18　手形の抗弁

> 《問》手形の抗弁について、次のうち最も不適切なものはどれか。
> 1）手形法では、手形によって請求を受けた債務者は、請求者の前にその手形の所持人であった者に対する人的関係に基づく抗弁によって請求書に対抗することができると定められている。
> 2）悪意の抗弁とは、手形を取得した者が手形取得時に手形債務者を害することを知っていたとの抗弁であり、手形債務者は悪意の抗弁をもって所持人に対抗することができる。
> 3）手形の抗弁には、人的抗弁と物的抗弁があり、物的抗弁はすべての所持人に対抗できる抗弁で、手形要件の欠如、偽造等がある。

・解説と解答・

　手形の抗弁とは、手形債務者として手形金の請求を受けた者が、その請求者に対して支払を拒否しうる事由で、人的抗弁と物的抗弁がある。人的抗弁とは、手形債務者が特定の所持人に対して主張することができる抗弁をいい、物的抗弁とは、手形債務者がすべての所持人に対して主張することができる抗弁をいう。

1）不適切である。手形法では、手形債務者は所持人の前に手形を所持していた受取人および裏書人に対する人的関係に基づく抗弁をもって所持人に対抗することができないとして、人的抗弁を制限している（手形法17条、77条1項1号）。
2）適切である（手形法17条但し書、77条1項1号）。
3）適切である。

正解　1）

3－19　満期日が暦にない約束手形の取扱い

《問》満期日が11月31日となっている約束手形の取扱いについて、次のう
　　ち最も適切なものはどれか。
　1）無効手形として取り扱う。
　2）満期日が12月1日であるものとして取り扱う。
　3）満期日が11月30日であるものとして取り扱う。

● 解説と解答 ●

　約束手形の満期日として、6月31日、11月31日などの実在しない日が記載さ
れた場合には、その月の末日、すなわち、6月30日、11月30日を満期日とする
有効な手形であるというのが判例の立場である。

正解　3）

3－20　約束手形の遡求制度

《問》約束手形の遡求制度について、次のうち最も適切なものはどれか。
1）手形用紙には、拒絶証書不要の文句が印刷されているため、支払呈示期間内の呈示は、遡求の要件にはならない。
2）適法な呈示をしたにもかかわらず、振出人が満期日に支払をしないときは、所持人は、自分の前者である裏書人またはその保証人に対して遡求することができる。
3）遡求権は、振出人が支払停止になった場合でも、満期日の前に行使することはできない。

・解説と解答・

　約束手形の遡求は、支払拒絶によって不利益を受ける者を救済する制度である。遡求権を行使するためには、①支払呈示期間内に呈示をしたにもかかわらず支払を拒絶され、②そのことを証明する証書（拒絶証書）を作成することが必要であるが、実際には②の拒絶証書は作成不要とされている。
1）不適切である。①の要件は、遡求権行使のために必要である。
2）適切である。
3）不適切である。振出人に支払停止等の事実が発生すれば、満期前に遡求権を行使することが認められる（手形法43条2号、77条1項4号）。

正解　2）

3-21 小切手の種類と特徴

《問》小切手の種類と特徴について、次のうち最も適切なものはどれか。
1）小切手は手形と異なり、裏書による譲渡はできない。
2）指図式小切手とは「上記金額をこの小切手と引替えに持参人へお支払いください」という支払委託文言のうち「持参人」という文字を抹消して「甲野一郎殿」のように受取人を指定した小切手をいう。
3）日銀小切手とは、日本銀行を支払人として振り出された小切手をいう。

● 解説と解答 ●

小切手は、振出人が支払人である金融機関に宛てて一定の金額を支払うように委託した有価証券である。

支払人は銀行をはじめとした金融機関でなければならず、支払人による引受けという制度が認められていない。

また、小切手はすべて一覧払であり、支払呈示があれば支払人である銀行に呈示するほか、取引銀行に取立依頼すれば小切手金額が受け取れる。

小切手の種類については主に以下のものがある。
・自己宛小切手
・当座小切手
・持参人払式小切手
・記名式小切手
・指図式小切手
・線引小切手（一般線引小切手、特定線引小切手）

1）不適切である。小切手は法律上当然の指図証券であり、裏書によって譲渡することができる。
2）不適切である。指図式小切手とは支払委託文言が「甲野一郎殿またはその指図人へお支払いください」となっている小切手をいい、本選択肢の説明内容は記名式小切手である。
3）適切である。日銀小切手は日本銀行と当座勘定取引を有する官庁や市中金融機関が振出す。

正解　3）

3 −22　小切手の支払呈示期間

《問》次の文章の（　　　）内にあてはまる語句として、最も適切なものはどれか。

> 小切手の支払呈示期間は、振出日の翌日から起算して（　　　）であり、支払呈示期間の最終日が休日の場合には、翌営業日まで延長される。

1 ）　2 日間
2 ）　10日間
3 ）　11日間

・解説と解答・

　小切手の支払呈示期間は、振出日の翌日から起算して10日間であり、支払呈示期間の最終日が休日の場合には、翌営業日まで延長される（小切手法29条 1 項、60条 2 項、61条）。

正解　　2 ）

3-23　線引小切手（Ⅰ）

《問》線引小切手について、次のうち最も不適切なものはどれか。
1）表面に2本の平行線が引かれた小切手は、一般線引小切手である。
2）表面に引かれた2本の平行線内に特定の金融機関の名称を記載した小切手は、特定線引小切手である。
3）特定線引小切手を一般線引小切手に変更することはできるが、その逆の変更は認められない。

・解説と解答・

1）適切である。金融機関は一般線引小切手の支払を自己と取引ある者、あるいは他の金融機関に対してしかできず、また、自己の取引先や他の金融機関以外の者から取得したり、取立の委任を受けることもできない（小切手法38条1項、3項）。これらに違反したことで小切手の権利者等に損害が生じた場合は、金融機関は小切手金額を限度として損害賠償責任を負う（同法38条5項）。
2）適切である。特定線引小切手の支払人は、平行線内に記載された特定の金融機関に対してしか支払うことができず、支払人が特定線引で指定された金融機関と同一の場合は、自己の取引先に対してのみ支払うことができる（同法38条2項）
3）不適切である。一般線引小切手を特定線引小切手に変更することはできるが、その逆の変更は認められない（同法37条4項）。

正解　3）

3 −24 線引小切手（Ⅱ）

《問》次の文章の（ ）内にあてはまる語句の組合せとして、最も適切な
ものはどれか。

> 小切手法では、金融機関が一般線引小切手を取得したり支払った
> りできるのは（ イ ）または他の金融機関に限るとされている
> が、小切手裏面に振出人の届出印の押なつ（または届出の署名）が
> あるときは（ ロ ）上、その持参人に支払うことができる。

1) イ. 来店客　　　　　　　　ロ. 民法
2) イ. 自己の取引先　　　　　ロ. 当座勘定規定
3) イ. 来店客　　　　　　　　ロ. 当座勘定規定

・ 解説と解答 ・

　小切手法では、金融機関が一般線引小切手を取得したり支払ったりできるの
は、自己の取引先または他の金融機関に限るとされているが、小切手裏面に振
出人の届出印の押なつ（または届出の署名）があるときは当座勘定規定上、そ
の持参人に支払うことができる。この支払によって当該小切手の真の権利者が
損害を被った場合、小切手法の定めにより支払銀行は小切手金額の範囲内で賠
償責任を負うが、当座勘定規定の定めにより、その損害を当座勘定取引先が負
担することとなる。

正解　2)

3-25　電子交換所の概要（Ⅰ）

《問》電子交換所について、次のうち最も不適切なものはどれか。
1）従来の手形交換制度では、金融機関が手形等を手形交換所に持ち寄り、互いの金融機関が支払うべき手形等を相互に交換していたが、電子交換所における手形交換制度では、手形等の交換業務が電子交換所を介したイメージデータの送受信で完結する。
2）電子交換所は、従前の地域別の手形交換所ごとに、それぞれ設立された。
3）支払済みの手形・小切手は、受取人の取引金融機関（取立金融機関）で3カ月間保管される。

・解説と解答・

1）適切である。電子交換所における手形交換制度の基本事項である。
2）不適切である。従前の手形交換所は各地域ごとに設立されていたが、電子交換所は全国の金融機関を対象に1か所のみ設立された。
3）適切である。手形の支払人が支払済手形の返却を希望する場合は、支払金融機関を通じて支払日から3カ月以内に請求する必要がある。

正解　2）

3－26　電子交換所の概要（Ⅱ）

《問》電子交換所について、次のうち最も適切なものはどれか。
1）電子交換所への手形・小切手の持出は、交換日に、交換所所定の時間内（午前9時40分から10時10分までの間）において、手形・小切手のイメージデータを電子交換所システムに登録することで行われる。
2）支払われた手形・小切手は、取立銀行（持出銀行）から支払銀行（持帰銀行）に送付されて、支払銀行で半年間保管される。
3）手形・小切手の金額欄には、手形用法または小切手用法で定められた方法により金額を記載することだけができ、その他の事項を記載することや押印の端がかかること等は禁止されている。

・解説と解答・

1）不適切である。電子交換所への手形・小切手の持出は、原則として交換日の前営業日までの日に（繁忙日など特定の日を支払期日とする手形は電子交換所規則等の別途の定めに従い）手形・小切手のイメージデータを電子交換所システムにより登録することで行われ、交換日が到来することにより、当該手形・小切手について電子交換所への呈示の効果が生じる。
2）不適切である。持帰銀行は、持出銀行が登録した手形・小切手のイメージデータにより、手形・小切手用紙の確認、印鑑照合を行って、支払いを行う。支払われた手形・小切手は、取立銀行（持出銀行）で3カ月間保管される。振出人が手形等について調査を必要とするときは、保管期間内に、支払銀行（持帰銀行）を通じて取立銀行（持出銀行）に手形等の交付を求める必要がある。また、このため支払銀行（持帰銀行）は、保管期間内において、持出銀行に対して手形の交付を請求することができる。
3）適切である。

<u>正解　3）</u>

3－27　不渡情報登録の種類および不渡事由

《問》不渡情報登録の種類および不渡事由について、次のうち最も不適切
なものはどれか。

1）不渡情報登録には、不渡事由によって第1号不渡情報登録と第2号
　不渡情報登録の2種類があるが、異議申立ては第2号不渡情報登録
　がなされた場合にのみ認められる。

2）0号不渡事由は、形式不備、引受なし等で適法な呈示でないものが
　対象とされており、手形の振出日または受取人の記載のないものな
　どが該当する。

3）金額欄記載方法相違、約定用紙相違、取締役会承認等不存在を理由
　とする不渡は、第2号不渡事由に該当する。

・解説と解答・

　不渡事由には、不渡情報登録に対応する第1号不渡事由と第2号不渡事由の
ほか、不渡情報登録の登録対象外の0号不渡事由がある。

1）適切である。第2号不渡情報登録に対し、支払金融機関は振出人等から異
　議申立の対象とする手形金相当額の金銭（異議申立預託金）の預入れを受
　け、交換日の翌々営業日の営業時限（午後3時）までに異議申立書を添え
　て異議申立を行うことができる。なお、従前の手形交換制度では必要とさ
　れた、支払銀行から手形交換所への異議申立提供金の提供は、電子交換所
　における手形交換制度では不要となった。

2）不適切である。振出日、受取人は手形要件であるが、その記載のないもの
　については、取引慣行を考慮して、電子交換所規則施行細則では0号不渡
　事由には該当しない取扱いとしている。なお、0号不渡事由と第1号不渡
　事由または第2号不渡事由とが重複する場合は、0号不渡事由が優先し、
　不渡情報登録をする必要はない。

3）適切である。第2号不渡事由は、契約不履行、詐取、紛失、盗難、取締役
　会承認等不存在、偽造、変造、印鑑相違、金額欄記載方法相違、約定用紙
　相違がある。

正解　2）

3-28　第1号不渡情報登録

《問》次の文章の（　　　）内にあてはまる語句の組合せとして、最も適切なものはどれか。

> 第1号不渡情報登録は、不渡事由が（　イ　）と（　ロ　）の場合に電子交換所に情報登録する。

1）イ．契約不履行　　　ロ．資金不足
2）イ．形式不備　　　　ロ．印鑑相違
3）イ．資金不足　　　　ロ．取引なし

・解説と解答・

第1号不渡情報登録は、以下の不渡事由に該当する場合になされる。
・資金不足…手形・小切手が呈示された時に当座勘定はあるが、支払資金がない、あるいは不足する場合
・取引なし…手形・小切手が呈示された時に、当座勘定取引がない場合
第1号不渡情報登録は、不渡事由が資金不足と取引なしの場合に電子交換所に情報登録する。支払人の信用に関する不渡りである第1号不渡事由のときは、振出人は不渡情報登録に対して異議申立が認められない。

<u>正解　3）</u>

3－29 第2号不渡情報登録

《問》次の文章の（　　　）内にあてはまる語句の組合せとして、最も適
切なものはどれか。

> 取締役会設置会社の取締役が、自己または第三者のために会社と
> 取引（いわゆる利益相反取引）をする場合には、（　イ　）の承認
> を必要とするが、その承認がないことを事由に手形を不渡にする場
> 合には、電子交換所に（　ロ　）ものとされている。

1）イ．株主総会　　　　ロ．第1号不渡情報登録する
2）イ．取締役会　　　　ロ．第2号不渡情報登録する
3）イ．取締役会　　　　ロ．不渡情報登録を要しない

● 解説と解答 ●

　会社の取締役が自己または第三者のために会社と取引をするには取締役会
（取締役会設置会社）の承認を必要とする（会社法365条で準用する356条）。そ
の承認がないことを事由とする不渡は、第2号不渡事由となる。なお、取締役
会設置会社以外の会社においては、株主総会の承認が必要となる。

　第2号不渡事由には、以下のものが該当する。

・契約不履行

・詐取

・紛失

・盗難

・取締役会承認等不存在

・偽造

・変造

・印鑑相違

・金額欄記載方法相違

・約定用紙相違

正解　2）

3 −30　不渡事故解消届

《問》次の文章の（　　　）内にあてはまる語句として、最も適切なもの
はどれか。

> 　第 2 号不渡情報登録について異議申立てをしていたが、手形当事
> 者間の話合いで不渡事故が解消し、持出銀行から電子交換所に
> （　　　）が提出された場合には、支払銀行からの異議申立預託金
> の返還許可の申立てを受けて、電子交換所はその返還を許可する。

1）取消届
2）不渡事故解消届
3）和解届

・解説と解答・

　契約不履行、詐取、偽造等の不渡事由を対象とする第 2 号不渡情報登録には
異議申立てが認められており、振出人等は支払銀行に異議申立預託金を預託し
て、異議申立ての手続をすれば、取引停止処分の猶予を受けられる。その後、
当事者間の話合いや裁判等により解決を図る。当事者間の和解により不渡事故
が解消した場合には、その旨が持出銀行に伝えられる。それを受けて持出銀行
から電子交換所に不渡事故解消届が提出されたときは、支払銀行からの異議申
立預託金の返還許可の申立てを受けて、電子交換所はその返還を許可する。な
お、和解書等は当事者間のものであり、持出銀行へ提出されていた場合でも、
電子交換所へ提出する必要はない。

正解　2）

3 −31　不渡事由の重複

《問》次の文章の（　　　）内にあてはまる語句として、最も適切なもの
　　はどれか。

　　不渡事由の「資金不足」は（　イ　）不渡事由に該当し、「契約
　不履行」は（　ロ　）不渡事由に該当する。（イ）不渡事由と（ロ）
　不渡事由が重複する場合には、（イ）不渡事由が優先するとされて
　いる。ただし、「偽造・変造」は（ロ）不渡事由に該当するが、こ
　れが優先するとされている。

1）イ．0号　　　　ロ．第1号
2）イ．第1号　　　ロ．第2号
3）イ．第2号　　　ロ．第1号

解説と解答

　「資金不足」は第1号不渡事由で、「契約不履行」と「偽造・変造」は第2号
不渡事由である。「資金不足」と「契約不履行」とが重複した場合には、第1
号不渡事由が第2号不渡事由に優先するとの原則に基づき「資金不足」を優先
させ、第1号不渡情報登録する。「資金不足」と「偽造・変造」とが重複した
場合には、例外として「偽造・変造」を優先させるため、この場合には、第2
号不渡情報登録する。

正解　2）

3－32　異議申立て

《問》手形交換制度における異議申立てについて、次のうち最も不適切な
　ものはどれか。
1）異議申立てによって不渡処分の猶予を受けられるのは、第2号不渡
　　情報登録がなされたときに限られる。
2）資金不足かつ契約不履行の不渡事由の場合には、異議申立てをする
　　ことができる。
3）異議申立ての手続は、交換日の翌々営業日の営業時限（午後3時）
　　までに行う。

・解説と解答・

　支払銀行は、第2号不渡情報登録に対し、振出人等から異議申立ての対象と
する手形金相当額の金銭（異議申立預託金）の預入れを受け、交換日の翌々営
業日の営業時限（午後3時）までに、電子交換所に異議申立てをすることがで
きる。なお、電子交換所が支払銀行に異議申立預託金の返還を許可するのは、
以下の場合である。
　①異議申立てをした日から2年を経過した場合
　②振出人等が死亡した場合
　③持出金融機関から交換所に不渡事故解消届、支払義務確定届または差押命
　　令送達届が提出された場合
　このほか、別口の不渡による取引停止処分があった場合等においても異議申
立預託金の返還が許可される。
1）適切である。
2）不適切である。第1号不渡事由および第2号不渡事由とが重複している場
　　合には第1号不渡事由が優先する。したがって、第1号不渡事由である資
　　金不足が優先する。資金不足を事由とする第1号不渡届に対しては異議申
　　立てはできない。
3）適切である。

<u>正解　2）</u>

3－33　不渡情報の確認期間

《問》次の文章の（　　　）内にあてはまる語句の組合せとして、最も適切なものはどれか。

電子交換所システムに登録されている不渡情報について、参加銀行が情報検索できる期間は、不渡報告に掲載された不渡情報は交換日から起算して（　イ　）、取引停止報告に掲載された不渡情報は交換日から起算して（　ロ　）の、それぞれ応当日の前日までである。

1）イ．1年後　　　ロ．5年後
2）イ．6カ月後　　ロ．2年後
3）イ．6カ月後　　ロ．1年後

● 解説と解答 ●

　電子交換所システムに登録されている不渡情報について、参加銀行が情報検索できる期間は、不渡報告に掲載された不渡情報は交換日から起算して6カ月後、取引停止報告に掲載された不渡情報は交換日から起算して2年後の、それぞれ応当日の前日までである（電子交換所規則施行細則34条、35条）。

　なお、従前、全国銀行個人情報センターに登録され、不渡情報の検索が可能であった制度は、電子交換所における交換決済開始に伴い廃止された。

正解　2）

3−34 手形・小切手の喪失

《問》次の文章の（　　　）内にあてはまる語句の組合せとして、最も適切なものはどれか。

> 　手形・小切手が紛失もしくは盗難にあった場合、当該手形・小切手を無効にするには、喪失者の依頼を受けた当座勘定取引先が金融機関に事故届を提出したうえで、喪失者が（　イ　）手続を支払地の（　ロ　）に申し立て、除権決定を得る必要がある。

1）イ．遡求　　　　　ロ．手形交換所
2）イ．公示催告　　　ロ．簡易裁判所
3）イ．公示催告　　　ロ．地方裁判所

・解説と解答・

　手形・小切手を紛失したり、盗難にあった場合に、金融機関への事故届の提出者は原則として当座勘定取引先である。そして喪失者による公示催告手続の申立てと除権決定により、喪失した手形・小切手そのものを法律上無効とし、手形・小切手によらない権利行使を可能とすることができる。

　公示催告手続の申立ては、手形・小切手を喪失した人が、当該手形・小切手の支払地の簡易裁判所に書面または口頭で行う。

<u>正解　2）</u>

3-35 でんさいネット

《問》次の文章の（　　　）内にあてはまる語句の組合せとして、最も適切なものはどれか。

でんさいネットは、（　イ　）の電子記録債権サービスである。電子記録債権は、原則として（　ロ　）可能であり、（ロ）により原因関係に基づく抗弁が切断されることから、手形と同様に割引取引が行われている。

1）イ．全国銀行協会　　ロ．取立
2）イ．全国銀行協会　　ロ．譲渡
3）イ．手形交換所　　　ロ．交換

●解説と解答●

　電子記録債権（でんさい）とは、電子記録債権法に基づき創設された新しい金銭債権である。手形と同様の役割を果たすことで、事業者の資金調達の円滑化に資することが期待されている。

　電子記録債権は、主務大臣（法務大臣および内閣総理大臣（金融庁長官））の指定を受けた電子債権記録機関が調製する記録原簿へその発生または譲渡の記録を行うことにより、発生し譲渡が行われる仕組みとなっている。

　でんさいネット（株式会社全銀電子債権ネットワーク）は、全国銀行協会によって設立された電子債権記録機関であり、2013年2月18日より営業を開始した。参加金融機関は、全国銀行協会正会員銀行のほか、全ての信用金庫、信用組合の大部分、農協系統金融機関の一部となっている。でんさいは、電子記録債権として原則として譲渡可能であり、譲渡により原因関係に基づく抗弁が切断される。

正解　2）

3 -36　他店券振込

《問》他店券振込について、次のうち最も適切なものはどれか。
 1 ）他店券による振込は異例取引であるが、他行為替の場合、自行本支店為替の場合のいずれも取り扱う。
 2 ）他店券による振込は異例取引なので、他行為替の場合、自行本支店為替の場合のいずれも取扱いを行わない。
 3 ）他店券による振込は異例取引なので、他行為替の場合は禁止されており、自行本支店為替の場合に限って取り扱うことがある。

● 解説と解答 ●

　他店券振込の注意点
　・被仕向金融機関は自行本支店か
　・受入小切手の支払金融機関は、電子交換所へ参加しているか
　・伝票の金種欄は「他店券」欄にまちがいなく記入したか
　・役席者の承認を受けたか
 1 ）不適切である。他店券による振込は、他行為替の場合は禁止されている。
 2 ）不適切である。一般的には、仕向先が自行本支店である場合に、役席者の承認を得て、為替通知に特定の表示をしたうえで取り扱うことがある。
 3 ）適切である。自行本支店為替の場合に限って受け入れるのは、万が一、他店券が不渡になっても、仕向先が自行本支店なので、受取人への支払は決済確定後に行われることを確保できるからである。

正解　3 ）

3－37　振込の種類

《問》振込の種類について、次のうち最も適切なものはどれか。
1）振込は依頼人との関係では電信扱いと文書扱いに分けられ、電信扱いは早い分、手数料も高くなっている。
2）振込手数料は全ての金融機関が同一の金額に定められている。
3）文書扱いの振込は、一般個人・法人が資金決済の手段として広く利用できる。

● 解説と解答 ●

　振込は、電信扱いと文書扱いに分けられる。テレ為替は電信扱いとされているが、文書為替については、振込の種類により下記のように手続きが分かれる。

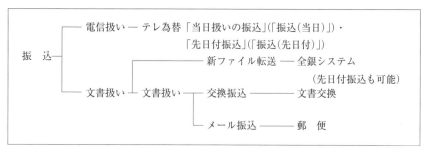

1）適切である。振込は依頼人との関係では電信扱いと文書扱いに分けられ、電信扱いは早い分、手数料も高くなっている。
2）不適切である。振込手数料は、振込処理に要する費用等の内国為替制度運営費を考慮して各金融機関が金額を設定している。
3）不適切である。文書扱いの振込は、付帯物件付振込および国庫金・公金の振込に限り、一般の個人や法人が決済等のために一般の振込として利用することはできない。

正解　1）

3－38 為替取引における関係者の法律関係

《問》為替取引における関係者の法律関係について、次のうち最も不適切なものはどれか。
1）振込における振込依頼人と仕向銀行の間の振込依頼の法的性質は、振込依頼人が仕向銀行に振込資金を提供して受取人の取引金融機関（被仕向銀行）にある預金口座へ入金することを委託するため、委任契約にあたる。
2）振込取引においては、被仕向銀行は、預金規定により受取人の預金口座に入金し、受取人は預金債権を取得する。
3）振込のうち、先日付振込の振込通知を受信した被仕向銀行は、振込指定日に入金処理を行うが、受取人の預金債権は振込通知受信日付で成立する。

・解説と解答・

1）適切である。振込取引の当事者は、原則として、依頼人、仕向銀行、被仕向銀行および受取人の4者であり、それぞれの契約関係は振込規定、預金規定等に定められている。その基本は委任契約または準委任契約である。
2）適切である。被仕向銀行と受取人は、預金規定の定めるところにより振込金を受取人の口座に入金することによって、受取人が預金債権を取得するという関係になる。
3）不適切である。先日付振込により処理された振込金は、振込指定日付で入金され、同日付で預金債権が成立する。

<u>正解　3）</u>

3−39　国庫送金、国庫金振込

《問》国庫送金、国庫金振込について、次のうち最も不適切なものはどれか。

1）諸官庁が、民間の債権者に対する国庫金の支払を金融機関などに委託して行う送金の取扱いを、国庫送金という。

2）民間から諸官庁に対する振込の取扱いを、国庫金振込という。

3）地方公共団体が民間の債権者に対して公金を支払う際には、送金小切手による送金方法によることがある。

・解説と解答・

1）適切である。諸官庁が、民間の債権者に対する国庫金の支払を、金融機関などに委託して行う送金の取扱いを国庫送金といい、送金方法により、送金扱いのものを国庫送金、受取人の預金口座へ直接振り込むものを国庫金振込という。

2）不適切である。国庫金振込とは、諸官庁が、民間の債権者に対する国庫金の支払を金融機関などに委託して行う送金の取扱いである国庫送金のうち、振込扱いのものをいう。

3）適切である。この小切手には、表面に「公金」の表示があり、振出日から1年を経過すると、支払人銀行では支払えなくなる。

正解　2）

3-40　内国為替の基本

《問》内国為替について、次のうち最も不適切なものはどれか。
1) 顧客から依頼を受けた内国為替（他行為替）は、全国銀行内国為替制度に基づいて金融機関相互間で取り扱われる。
2) 為替取引に付随して生ずる資金決済等に係る取引を雑為替といい、資金を送る場合を「送金」、資金を請求する場合を「請求」として取扱う。
3) 為替取引の内容を相手店舗に伝える店舗を仕向店といい、伝えられる店舗を被仕向店という。

・解説と解答・

内国為替制度とは、国内の金融機関の間で振込等に関する為替通知の授受とその決済を行うための制度であり、この制度の中心となるのが全国銀行データ通信システム（全銀システム）である。
1) 適切である。全国銀行内国為替制度は国内為替業務を行う銀行、信用金庫、信用組合、労働金庫、商工組合中央金庫、農林中央金庫などを加盟銀行としており、加盟銀行相互間の内国為替取引を適正・円滑に処理するためのシステムを定めたものである。
2) 不適切である。資金を送る場合は「付替」という。
3) 適切である。

正解　2)

3 −41　振込の取消しによる入金記帳の取消し

《問》次の文章の（　　　）内にあてはまる語句として、最も適切なもの
　　はどれか。

> 　預金口座への振込について、振込通知の発信金融機関から重複発
> 信等の誤発信による取消通知を受けた場合、当該受取人の預金口座
> に入金記帳した振込金が支払可能残高としてあるときは、被仕向銀
> 行は、（　　　）。

1）振込金の入金記帳を取り消す
2）預金者の了承を得られた場合には、入金記帳を取り消す
3）振込金相当金額の払戻しを留保する

・解説と解答・

　この取扱いは、振込の取消しを円滑にするためのもので、普通預金等の預金
規定に定めがある。預金規定では、振込通知が重複発信等の誤発信を理由に取
り消された場合には、振込金の入金記帳を取り消す旨が定められているのが通
常で、1）が適切な記述である。

　誤発信を理由とする取消しには、2）のような預金者の了承は必要がなく、
また3）の取扱いも不要である。

正解　1）

3 −42　振込の組戻し

《問》振込の組戻しについて、次のうち最も適切なものはどれか。
 1）受取人の口座に既に入金されている場合であっても、受取人の承諾
　　を得ることなく、振込金は返還される。
 2）受取人の口座に既に入金されている場合であっても、振込金が払い
　　戻されていなければ、受取人の承諾を得なくても、振込金は返還さ
　　れる。
 3）受取人の口座に既に入金されている場合には、受取人の承諾が得ら
　　れなければ、振込金は返還されない。

● 解説と解答 ●

　振込の組戻しとは、仕向店で振込受付が済んだあとに、なんらかの理由で振込をする必要がなくなった振込依頼人から、振込の取止めと振込金の返還の申出を受けた場合において、仕向店がとる手続をいう。
1）不適切である。受取人の口座に既に入金されている場合には、組戻しによる振込金の返還には受取人の承諾が必要である。なお、受取人の口座に入金される前であれば、受取人の承諾を得ることなく、振込金は返還される。
2）不適切である。上述のとおりである。
3）適切である。受取人の口座に既に入金済みの場合は、必ず受取人に連絡し、返還金の出金について了解を求めなければならない。

正解　3）

3－43 代金取立

《問》代金取立について、次のうち最も不適切なものはどれか。
1）代金取立とは、金融機関が取引先から依頼を受けて、手形・小切手その他の証券類による金銭債権の支払を請求し、その代り金を取り立てることをいう。
2）代金取立における取立方法は、依頼人の意向に基づいて、集中取立によるか個別取立によるかを決定する。
3）代金取立で、取引先から取立依頼を受けた手形等を他の店舗に取立依頼する店舗を委託店といい、依頼を受けて手形等の支払人に請求して取立を行う店舗を受託店という。

・解説と解答・

電子交換所による手形交換制度の開始により、遠隔地の金融機関が支払場所の手形・小切手についても呈示期間内であれば直ちに預金口座への入金が可能となり、代金取立の対象は限定されるようになったが、支払期日未到来手形等は代金取立によることとなる。
1）適切である。代金取立の仕組みについての適切な表示である。
2）不適切である。金融機関実務では、原則として集中取立で行い、期近なものなど集中取立によることができない場合には、期近手形集中取立または個別取立による。
3）適切である。

正解　2）

3－44　預金口座振替

《問》預金口座振替について、次のうち最も適切なものはどれか。
1）口座からの引落しを行うたびに収納企業から預金者に通知を送り、
　　預金者がこれを承諾することにより、金融機関は自動引落しを行
　　う。
2）預金口座振替は、まず収納企業と金融機関が契約を結び、預金者か
　　ら金融機関に依頼書が提出されて預金者の口座から自動引落しが可
　　能になるという、三者契約の形がとられている。
3）預金者宛の領収書は、必ず金融機関から預金者に交付される。

・解説と解答・

　預金口座振替制度とは、各種料金の納付者が、収納取扱金融機関に預金口座
を持っている場合に、料金支払の口座振替扱いをその企業と金融機関に申し込
むことにより、納付者の預金口座から料金を払い戻して、収納企業の預金口座
へ振り替える制度である。
1）不適切である。最初に契約を結べば、引落しの都度、通知および承諾は必
　　要としない。
2）適切である。
3）不適切である。金融機関と収納企業との取決めによって異なり、領収書は
　　収納企業が自ら送付することもある。

正解　2）

第4章

融資、外国為替

118

4-1 各種融資取引の法的性格

《問》各種融資取引の法的性格について、次のうち最も適切なものはどれ
か。
1）商業手形割引の法的性格は、一般的には手形の売買とされており、
通常は、銀行取引約定書などには買戻について必要な規定を設けて
いる。
2）手形貸付の法的性格は、手形割引と同様に、一般的には手形の売買
とされている。
3）証書貸付の法的性格は、金銭消費貸借契約であり、貸主・借主の合
意と金銭の授受によって成立する。

● 解説と解答 ●

1）適切である。売買により銀行が取得した手形に不渡等が生じた場合、割引
依頼人による割引手形の買戻義務にかかる特約である。
2）不適切である。手形貸付の法的性格は、金銭消費貸借契約であり、手形の
売買ではない。手形貸付は、金融機関は融資先に対して金銭消費貸借契約
上の債権と同時に手形上の債権も持っている。
3）不適切である。証書貸付の法的性格は、書面でする金銭消費貸借契約であ
る。書面でする金銭消費貸借契約は、貸主・借主の合意によって成立する
諾成契約とされている（民法587条の2第1項）。したがって、金銭の交付
がなされなくとも貸主は貸付義務を負うことになる。ただし、貸主・借主
の合意により契約書で金銭の交付によって契約が成立する旨を記載するこ
とで要物契約にすることもできる。
なお、「書面でする」以外の金銭消費貸借契約は、従来どおり要物契約で
ある（同法587条）。

正解　1）

4－2　貸出金利を規制している法律

> 《問》次の文章の（　　　　）内にあてはまる語句として、最も適切なものはどれか。
>
> > 　貸出金利を規制している法律のなかでも（　　　）は、制限利率を超える契約に対して借主を保護することを目的としており、違反者に対する刑事罰の規定が定められている。
>
> 1）臨時金利調整法
> 2）利息制限法
> 3）出資法

・解説と解答・

　貸出金利に関する法律として、選択肢1）2）3）の3つの法律がある。

1）臨時金利調整法は、他の2つの法律に比べて最も厳しい規制（金利の最高限度を年15％とするもの）をしており（ただし、返済期限1年以上または1件100万円以下の融資はこの規制の対象外）、この法律に抵触しなければ、他の法律にも違反しないといえる。

2）利息制限法は、金融機関だけでなく、すべての業態の融資に適用され、制限利率（元本が10万円未満のものは年20％、元本が10万円以上100万円未満のものは年18％、元本100万円以上のものは年15％）を超える利息・損害金を無効としている（利息制限法1条）。

3）出資法は、出資金・預り金の受入れの規制（出資法1条、2条）や高金利の処罰（違反者に対し刑事罰を科すこと）について規定している（同法5条）。

　したがって、3）が正解である。

正解　3）

4 - 3　貸出金利の決定方法

《問》貸出金利の決定方法について、次のうち最も適切なものはどれか。
1 ）貸出金利は、金融機関の収益に大きな影響を及ぼすため、個々の融
資の事情を考慮することなく、可能な限り高く設定する必要があ
る。
2 ）貸出金利は、融資金額によって定型的に決定する必要がある。
3 ）貸出金利は、市場金利を踏まえた資金調達コスト、融資先の信用度
や取引振り、資金の使途、融資期間、担保の有無等、個別の事情を
総合的に勘案して決定する必要がある。

・解説と解答・

1 ）不適切である。貸出金利は、借り手の財務状況など個々の融資の事情を考
慮して設定する必要がある。
2 ）不適切である。貸出金利は、融資金額以外の諸条件を含め、個別の事情を
総合的に勘案して決定する必要がある。
3 ）適切である。融資先の信用力、融資先に対する金融機関の取引方針をベー
スに、他の融資先に対する同種・同程度の融資金利との比較、他行の融資
金利との比較、融資のメリットなどを含めて検討しながら、適正な金利を
適用する。

正解　3 ）

4－4 利益相反行為

《問》融資取引における利益相反行為について、次のうち最も不適切なも
のはどれか。
1）取締役会設置会社の取締役個人の債務を担保することを目的とし
て、当該会社が自社の土地に抵当権を設定する場合には、取締役会
の承認が必要となる。
2）親権者が、自己の債務を担保することを目的として、未成年である
子が所有する土地に抵当権を子を代理して設定することはできな
い。
3）成年被後見人が融資を受ける際に、居住用不動産を担保として提供
する場合には、成年後見人の同意があれば足りる。

・解説と解答・

1）適切である。
2）適切である。親権者は未成年の子の法定代理人であるが、設問のような利
益相反行為は禁じられている。利益相反行為に該当する行為については、
利益相反となる親権者に代えて、未成年の子を代理する特別代理人の選任
を家庭裁判所に申し立て、選任が認められたときはその特別代理人が、未
成年の子を代理して取引を行うことになる（民法826条1項）。
3）不適切である。設問の場合には、成年後見人を相手に取引を行う必要があ
るが、それに加えて家庭裁判所の許可を要する（民法859条の3）。

正解 3）

4－5　優越的地位の濫用

《問》次の文章の（　　　　）内にあてはまる語句の組合せとして、最も適切なものはどれか。

> 融資取引において、顧客より立場の強い金融機関が自己に有利な条件を押し付けることは、独占禁止法上、（　イ　）に該当し、公正取引委員会より（　ロ　）を命ぜられることがある。

1）イ．歩積両建規制　　　　ロ．損害賠償
2）イ．抱き合わせ販売　　　ロ．取引停止処分
3）イ．優越的地位の濫用　　ロ．課徴金の納付

・解説と解答・

　融資取引において、顧客より立場の強い金融機関が自己に有利な条件を押し付けることは、独占禁止法上、優越的地位の濫用に該当し、公正取引委員会より、課徴金の納付を命ぜられることがある。課徴金納付命令とは、一定の制裁金（課徴金）の納付を命ずる行政処分である。刑事罰や科料とは異なり、前科がつくことはないが、課徴金額は非常に高額となる場合もある。

正解　3）

4－6　手形貸付における手形の振出日の記載

《問》手形貸付における手形の振出日の記載について、次のうち最も適切なものはどれか。
 1）手形の書替を行った場合の手形振出日は書替日とすべきであり、書替日と違う日付が記載された手形は無効となる。
 2）手形の振出日は利息計算の起算点を示す機能があり、手形の書替を行った場合は書替日の翌日を記載する。
 3）手形貸付を実行する場合、手形の振出日は実際に手形を金融機関に差し入れた日ではなく、貸付の実行日を記入してもらう。

・解説と解答・

　手形貸付とは、融資先から金融機関宛てに融資先自身が振り出した約束手形を差し入れてもらい資金を融資するもので、この手形の期間はあまり長くとらないのが通常である。
 1）不適切である。手形貸付取引における手形は、金銭消費貸借契約に基づく貸付債権の支払を確保する手段として交付を受けるものなので、仮に手形振出日と書替日が不一致であっても、貸付債権の行使に際して不都合は生じない。したがって、当該手形は無効ではない。
 2）不適切である。手形の振出日は手形の要件の1つであり、手形貸付取引に際して受け入れる手形の振出日は、貸付の実行日とすることが適切である。また、手形書替の場合には、書替日当日とする。
 3）適切である。

正解　3）

4－7　手形貸付金の回収

《問》手形貸付金の回収について、次のうち最も不適切なものはどれか。
1）支払期日前に返済があったときは、返済された日の翌日から手形の支払期日までの日数について、戻し利息を計算する。
2）融資金の一部返済をすることは、法律によって禁じられている。
3）支払期日に完済された場合は、手形貸付勘定の入金伝票を起票し、手形は融資先に返却する。

・解説と解答・

1）適切である。戻し利息は、返済された日の翌日から手形の支払期日までの日数で計算するのが通常である。
2）不適切である。融資金の一部返済が、法律によって禁止されていることはない。したがって、一部返済を禁ずる旨が融資契約に約定されていない限り、債務者は一部返済（内入）を行うことができる。
3）適切である。融資金の返済により貸金債権が消滅した場合は、貸し手である金融機関は債務者に手形を返還することとしているのが一般的な取扱いである。

正解　2）

4－8　手形割引

> 《問》手形割引について、次のうち最も不適切なものはどれか。
> 1）手形割引は、金融機関が取引先の持っている期日未到来の商業手形
>   を買い取る形をとっている。
> 2）金融機関による手形金の回収は、原則として支払期日に電子交換に
>   付すことによる。
> 3）手形割引の割引料は、割引の日から手形支払期日までの片端入れの
>   日数と利率を乗じ、1年を365日とする日割計算により算出する。

・解説と解答・

1）適切である。銀行取引約定書でも、手形割引は手形の売買であるとの立場
  をとっている。
2）適切である。金融機関による手形金の回収は、原則として支払期日に電子
  交換に付する。その他、当該手形の不渡りや、支払期日未到来であっても
  手形支払人または割引依頼人が期限の利益を喪失する事態となった場合
  は、割引依頼人に手形の買戻しを求めることとなる。
3）不適切である。手形割引の割引料計算の日数は、割引の日から手形支払期
  日までの両端入れにより算出する。

  割引料＝手形額面金額×割引日数×割引率（％）÷365（閏年の場合は366日）

<u>正解　3）</u>

4－9　証書貸付

《問》証書貸付について、次のうち最も不適切なものはどれか。
1）銀行取引における証書貸付とは、顧客から借用証書を差し入れてもらって行う貸付である。
2）借用証書は、公正証書によらなければ、消費貸借契約としての効力が認められない。
3）証書貸付は、主として設備資金などの長期資金の融資に使われる。

●解説と解答●

1）適切である。金融機関の証書貸付では、借用証書を金銭消費貸借契約の存在を証明する重要な証拠書類として、契約内容を明らかにするために、作成して差し入れてもらう。

2）不適切である。借用証書は、私署証書、公正証書いずれであっても効力が認められている。借用証書が強制執行承諾文言付公正証書（執行証書）であれば、その証書をもって強制執行をすることが可能であるが、実務上は、コストがかかるため、特殊なものを除いて私署証書の形式で対応されており、すべてを公正証書とする必要はない。

3）適切である。企業に対する設備資金等の事業性融資では、設備稼働から生じるキャッシュフローを返済原資とするため、長期間にわたり返済が行われるのが通常である。金額も高額となることが多く、細かく条項を定める必要から証書貸付の形態で行われている。

なお、証書貸付の貸付金の返済方法としては、元金均等償還方式、元利均等割賦償還方式などがあり、元金均等償還方式は貸出元金を、期限までの返済回数により、定期的に均等額で返済する方式である。企業に対する事業性融資においては、この返済方式が一般的である。

<u>正解　2）</u>

4－10　代理貸付

> 《問》代理貸付について、次のうち最も適切なものはどれか。
> 1）代理貸付は、金融機関が他の金融機関から委託を受け、その金融機関の代理人として行う融資であるが、受託金融機関は、融資額の一定割合について保証責任を負う場合もある。
> 2）受託金融機関は、代理貸付によって委託手数料を受け取るが、これは融資に伴う事務処理手数料で、融資後のことについてまで責任を負うことはない。
> 3）代理貸付の資金は、受託金融機関の窓口を経ずに、委託金融機関から取引先へ直接交付される。

・解説と解答・

1）適切である。委託金融機関と受託金融機関との間には、業務委託契約が結ばれており、これに基づき、運営委託先の規定に従って、個々の代理貸付が行われる。受託金融機関は、代理人として善良な管理者の注意をもって、融資を管理し回収する義務を負う。受託金融機関は、代理貸付のうち融資の一定割合について、委託金融機関に保証することになっており、万が一融資の返済が延滞した場合は、最後まで回収に努めなければならないとともに、一定の割合の金額については、保証人として取引先に代わって委託金融機関に支払わなければならない。

2）不適切である。代理貸付を取り扱う金融機関は、取引先の返済が延滞した場合に、委託金融機関の代理人として回収に努めなければならず、また、保証人として一定割合の金額について保証責任を負い、取引先に代わって委託金融機関に返済をしなければならない場合もある。

3）不適切である。代理貸付の資金は、委託金融機関のものであるが、受託金融機関の窓口を通して取引先へ交付される。

<u>正解　1）</u>

128

4−11　中小企業に対する融資審査

《問》中小企業に対する融資審査について、次のうち最も不適切なものは
どれか。
1）一般に、中小企業の経営は、オーナー経営者の経営能力に負うとこ
ろが大きいので、融資審査はオーナー経営者の経営能力を審査する
ことで足りる。
2）中小企業の融資審査においては、企業の体力や体質を数値で把握す
る定量分析と、経営者、従業員、経営体制などの定性分析の両面か
ら審査する必要がある。
3）中小企業の融資審査の場合、その企業が属する業種・業界の動向を
調査することが大切である。

・解説と解答・

1）不適切である。オーナー経営者の経営能力の審査は定性評価項目の1つで
あるが、それだけでは融資審査として不十分である。
2）適切である。中小企業の融資審査においては、定量分析と定性分析の両面
から審査することが大切である。
3）適切である。当該企業が属する業種・業界の動向も融資審査では重要な要
素である。

正解　1）

4-12　保証人

《問》保証人について、次のうち最も適切なものはどれか。
1）連帯保証では、保証人が複数人いる場合、各保証人に分別の利益が
なく、それぞれの保証人が全額について保証責任を負う。
2）連帯保証人には、催告の抗弁権がある。
3）保証人が死亡したときは、死亡時点での保証債務も消滅する。

・解説と解答・

1）適切である。保証人が複数人いる場合、通常の保証であれば、各保証人は
民法456条により均等の割合で分割された保証債務を負担する（分別の利
益という）。しかし、連帯保証の場合は、分別の利益がない。
2）不適切である。連帯保証人には、催告の抗弁権および検索の抗弁権はない
（民法454条）。
3）不適切である。保証人が死亡しても、保証債務は消滅せず、相続人がこれ
を相続する。

正解　1）

4－13　物上保証人

《問》次の文章の（　　　　）内にあてはまる語句として、最も適切なもの
はどれか。

物上保証人は、被担保債権を弁済したり、担保権の実行によって
目的物の所有権を失った場合には、債務者に対して（　　　）を取
得し、その代償を求めることができる。

1）物権的請求権
2）別除権
3）求償権

● 解説と解答 ●

　物上保証とは、他人の債務のために自己の財産を担保として差し入れること
である。設定した人を物上保証人という。ただし、連帯保証ではないので、物
上保証人は担保として提供した財産の範囲内で責任を負担することになる。

　物上保証人は、被担保債権を弁済したり、担保権の実行によって目的物の所
有権を失った場合には、債務者に対して求償権を取得し、その代償を求めるこ
とができる（民法351条）。

正解　3）

4 −14　根保証契約の締結

《問》次の文章の（　　　）内にあてはまる語句の組合せとして、最も適切なものはどれか。

> 金融機関の融資取引における個人の保証人に係る根保証契約で、根保証の極度額が定められていないときは、（　イ　）となり、元本が確定する日が定められていないときは、（　ロ　）となる。

1）イ．保証契約締結日に現存していた債権のみを保証すること
　　ロ．保証契約自体が無効
2）イ．保証契約自体が無効
　　ロ．保証契約締結日の３年後に元本が確定すること
3）イ．保証契約締結日の３年後に元本が確定すること
　　ロ．保証契約自体が無効

● 解説と解答 ●

　金融機関の融資取引における個人の保証による根保証契約（個人根保証契約）で、根保証の保証極度額が定められていないときは保証契約自体が無効となり（民法465条の２第２項）、被保証債権が確定する日が定められていないときは保証契約締結日の３年後に元本が確定することとなる（民法465条の３第２項）。

正解　2）

132

4-15 運転資金

《問》運転資金について、次のうち最も不適切なものはどれか。
1）金融機関は、運転資金の借入れの申込みを受けてその内容を検討した結果、赤字資金であることが判明したときは、その原因や今後の見込み等の検討をするまでもなく、直ちに融資の申込みを断らなければならない。
2）一般に経常運転資金とは、原材料、商品等の流動資産の購入等や経常的費用の支払に充当される資金のことをいう。
3）経常運転資金の返済財源は、直接的には売上代金の回収金が中心となるが、一般には資金手当（借入れ）と返済が繰り返し発生する。

・解説と解答・

1）不適切である。赤字資金を融資することには、きわめて大きなリスクを伴うという問題意識が必要である。しかし、赤字資金であれば、原因究明や将来予測を検討することなく、ただちに拒絶するという融資姿勢は不適切である。リスクはあっても当該融資に応じることが、既存分も含めた貸出債権の安全性の改善につながることもあるからである。また、金融庁の「主要行等向けの総合的な監督指針」や「中小・地域金融機関向けの総合的な監督指針」においては、金融仲介機能の発揮、顧客へのコンサルティング機能の発揮が求められている。借入れニーズの発生要因、金額の妥当性、運転資金の調達方法、返済財源等のほか、経営者の信用、市場の状況等も含め総合的に検討して結論を出すことが必要である。
2）適切である。
3）適切である。

正解　1）

4－16　設備資金

《問》設備資金について、次のうち最も不適切なものはどれか。
1）一般に設備資金の融資においては、その返済財源は主に利益を原資とするので、融資金を返済できるだけの利益を上げられる見込みの設備投資計画が必要である。
2）設備資金を借入れで賄うことは、企業経営に大きな影響を与えるので、その計画について、収益性、安全性等を十分検討することが必要である。
3）設備資金とは、製品・原材料・商品などの購入や、人件費・金利等の経常的な支払に充当される資金の総称である。

・解説と解答・

1）適切である。なお、減価償却費も返済原資となり得る。
2）適切である。設備資金の融資は、金額が比較的大きく、かつ、返済期間が長いところに特徴がある。そのため、その借入れの申込みを受けた場合には、広範囲にわたる検討が必要である。
3）不適切である。製品・原材料・商品などの購入等の経常的な支払に充当される資金は、運転資金という。設備資金は、工場・事務所・店舗・倉庫等の建物や土地・機械等の企業の設備の購入に充てられる資金である。

<u>正解　3）</u>

4－17　信用保証協会

《問》信用保証協会について、次のうち最も不適切なものはどれか。
1 ）信用保証協会は、中小企業・小規模事業者の信用を補完して、金融
　　機関からの借入れを容易にするため、その借入金等の債務保証を主
　　たる業務として設立された機関である。
2 ）信用保証協会は、保証の際に借入申込人の信用状況、資金使途等の
　　審査を行うことがあるが、協会自らが担保・保証を取得することは
　　ない。
3 ）金融機関が、信用保証協会の保証付融資を濫用して自己の融資の回
　　収を図る等の行為をした場合には、信用保証協会はその保証につき
　　免責される。

・解説と解答・

1 ）適切である。信用保証協会による保証は、一般に「マル保」と呼称されて
　　いる。信用保証協会は、信用保証協会法を根拠法として設立されている。
　　現在、47都道府県と 4 市に合計51の信用保証協会が設立されている。
2 ）不適切である。信用保証協会の保証にあたっては、必要に応じて信用保証
　　協会自ら担保や保証をとる場合もある。
3 ）適切である。制度を濫用して、信用保証協会の保証付融資に不利益をもた
　　らした場合には、信用保証協会は保証を免責される。

正解　2 ）

4－18 信用保証協会の責任共有制度

《問》次の文章の（　　　）内にあてはまる語句の組合せとして、最も適切なものはどれか。

> 信用保証協会の責任共有制度には、「部分保証方式」と「負担金方式」があり、そのいずれかを各金融機関が選択することとなっている。「部分保証方式」では、個別貸付金について、原則として信用保証協会が（　イ　）、金融機関が（　ロ　）の割合で信用リスクを負担する。

1）イ．90％　　ロ．10％
2）イ．80％　　ロ．20％
3）イ．70％　　ロ．30％

・解説と解答・

信用保証協会の責任共有制度には、部分保証方式と負担金方式がある。部分保証方式では、個別貸付金について、原則として信用保証協会が80％の割合で保証し、金融機関が20％の信用リスクを負担する。

また、負担金方式とは、信用保証協会が融資金額の100％を保証するが、銀行の保証利用実績（代位弁済等実績率）に応じた一定の負担金を支払う方式で、部分保証と同等の負担が生じる。

<u>正解　2）</u>

4-19 担保権の種類

《問》担保権の種類について、次のうち最も不適切なものはどれか。
1）当事者同士の契約によって成立する約定担保権は、抵当権、質権が
代表例で、この他に判例によって確立した譲渡担保と特別法による
仮登記担保がある。
2）法律上当然に成立する法定担保権には、留置権、先取特権がある。
3）事実上の担保として代理受領や振込指定があり、これらの担保も金
融機関は優先弁済権が与えられている。

・解説と解答・

担保権の種類			
担保権	物的担保	約定担保	質権
			抵当権
			根抵当権
			譲渡担保
			仮登記担保
		法定担保	先取特権
			留置権
	人的担保		保証・連帯保証

1）適切である。抵当権、質権を典型担保といい、譲渡担保、仮登記担保を非
典型担保という。
2）適切である。なお、留置権は金融機関が取立のために債務者から預かって
いる手形等の有価証券について成立する。
3）不適切である。代理受領や振込指定では、金融機関は優先弁済権を確保で
きない。

<u>正解 3）</u>

4 −20　担保権と抵当権

《問》次の文章の（　　　　）内にあてはまる語句の組合せとして、最も適
　　　切なものはどれか。

> 抵当権の場合には、弁済等により、その被担保債権が消滅すれ
> ば、抵当権も消滅するという（　イ　）があるが、根抵当権の場合
> には、被担保債権が確定するまで（イ）がなく、被担保債権が消滅
> した場合、根抵当権は（　ロ　）する。

1）イ．随伴性　　　ロ．消滅
2）イ．随伴性　　　ロ．存続
3）イ．付従性　　　ロ．存続

● 解説と解答 ●

　抵当権には、その被担保債権が消滅すれば、抵当権も消滅するという付従性
があるが、根抵当権には、被担保債権が確定するまでは付従性がなく、また、
被担保債権が消滅しても根抵当権は存続する。

正解　3）

4-21 抵当権

《問》次の文章の（　　　）内にあてはまる語句の組合せとして、最も適切なものはどれか。

　抵当権には、特定の債権を担保とすることを目的として設定される（　イ　）と、一定の範囲に属する不特定の債権を極度額の範囲で担保することを目的として設定される（　ロ　）がある。

1）イ．留置権　　　　ロ．先取特権
2）イ．普通抵当権　　ロ．根抵当権
3）イ．根抵当権　　　ロ．普通抵当権

● 解説と解答 ●

　被担保債権が当初から特定されているのは普通抵当権で、被担保債権が設定当時には不特定な抵当権が根抵当権である。

正解　2）

4 −22　根抵当権

> 《問》根抵当権について、次のうち最も不適切なものはどれか。
> 1 ）手形・小切手上の請求権や電子記録債権に基づく請求権は、根抵当権の被担保債権の範囲として設定することができる。
> 2 ）根抵当権は、特定の継続的取引契約または一定の種類の取引から生じる債権を担保する担保物権である。
> 3 ）根抵当権は、被担保債権が確定するまで、普通抵当権のような付従性、随伴性がなく、また、被担保債権が消滅すれば根抵当権も消滅する。

・解説と解答・

　銀行取引は継続的な取引であり、多種・多様な契約を締結する可能性があることから、それらを保全する担保権としては抵当権よりも根抵当権の方が利便性が高い。

　根抵当権設定契約では、「被担保債権の範囲」を定める必要があり、原則として「特定の継続的取引契約」または「一定の種類の取引」として定めることが必要であり、この他にも例外として定める債権もある。

 1 ）適切である。

 2 ）適切である。

 3 ）不適切である。確定前の根抵当権は、被担保債権が消滅しても存続する。

正解　 3 ）

4-23 担保権の設定を受ける際の留意点

《問》次の文章の（　　　　）内にあてはまる語句の組合せとして、最も適切なものはどれか。

> わが国では、登記に（　イ　）を認めていないため、登記の記載を信用して抵当権を設定したところ、登記上の所有者が真の所有者ではなかった場合、抵当権の設定は原則として（　ロ　）である。

1）イ．対抗力　　　ロ．有効
2）イ．公信力　　　ロ．無効
3）イ．公信力　　　ロ．有効

● 解説と解答 ●

抵当権の設定をしたところ、登記上の所有者は真の所有者ではなかったという場合には、抵当権の設定は原則として無効となる。これはわが国では、登記に公信力を認めていないためである。

一般に、公信力とは、一定の外観を信頼して取引した者について、その外観が真実と異なっていた場合でも、外観どおりの効果を認めることとする制度である。

不動産の場合には、登記だけを信頼して担保取得すればよいというわけにはいかず、疑わしい事情があれば、真実の法律関係を調べる必要がある。

<u>正解　2）</u>

4－24　円の対外価値

《問》円の対外価値について、次のうち最も不適切なものはどれか。
 1 ） 1 米ドル＝130円が 1 米ドル＝120円になれば、円高になったという。
 2 ） 一般に、わが国の国際収支が赤字になると、円高の要因になる。
 3 ） 一般に、国内の金利水準が海外の金利水準に比べて相対的に高くなると、円高につながる。

・解説と解答・

1 ） 適切である。円の価値が相対的に高くなるので円高といえる。
2 ） 不適切である。わが国の国際収支の赤字は海外への支払増加となるため、外貨（主として米ドル）の需要を増やす要因であり、円安を招く要因になる。
3 ） 適切である。わが国の金利水準が高くなると外資が流れ込み円相場を押し上げ、円高につながる。

<u>正解　2 ）</u>

142

4 -25 外国送金

《問》外国送金について、次のうち最も不適切なものはどれか。
1）送金依頼人の委託に基づき、送金銀行（仕向銀行）が外国の被仕向銀行に対する支払指図を、スイフト（SWIFT）等電信手段を利用して行う方法をT／T（Telegraphic Transfer）という。
2）仕向銀行が自己を支払人として受取人を指定した送金小切手を交付する方法を、D／D (Demand Draft) という。
3）外国送金の銀行間の決済は、支払銀行にある仕向銀行の口座からの引落し、仕向銀行にある支払銀行の口座への入金、資金決済銀行を利用した資金決済がある。

・解説と解答・

1）適切である。送金依頼人の委託に基づき、送金銀行（仕向銀行）が支払銀行（被仕向銀行）に対して支払指図書（Payment Order；P／O）をスイフト等の手段により発信し、受取人の預金口座に一定額を入金すること、または受取人に対して一定額を支払う旨を指図することを電信送金（T／T）という。多く用いられている外国送金の手段である。
2）不適切である。仕向銀行が外国にある金融機関を支払人として受取人を指定した送金小切手を交付する方法をD／D (Demand Draft) という。
3）適切である。仕向銀行が第3の銀行に対して資金カバーのための支払指図書を発信し、支払銀行へ決済代り金を支払うよう依頼する方法である。この第3の銀行を資金決済銀行と呼ぶ。

<u>正解　2）</u>

4－26　信用状付輸出為替取引

《問》次の文章の（　　　）内にあてはまる語句として、最も適切なものはどれか。

> 信用状付輸出為替において、書類が信用状条件に合致しないことを、（　　　）という。

1）ディスクレパンシー
2）条件変更
3）ケーブル・ネゴ

・解説と解答・

　信用状付輸出為替において、書類が信用状条件に合致しないことを、ディスクレパンシー（Discrepancy）という。ディスクレパンシーの要因は、船積遅れや期限後の買取依頼だけではなく、書類に記載された文字や数字の違いといったものまで含まれる。

　ディスクレパンシーがある場合には、銀行は、

①信用状の条件変更（アメンド、Amendment）をしてもらってから買い取る。

②信用状発行銀行に対して、買取りの可否を電信によって照会し、買取応諾の回答を受けてから買取りをする（ケーブル・ネゴ、CableNegotiation）。

③信用状発行銀行が支払を拒絶したときは、買取依頼人が買戻しに応じる旨の保証状（Letter of Guarantee；Ｌ／Ｇ）の提出を受けて買取りをする。

④買取りをせずに、信用状発行銀行から取立（Collection）を行い、入金となってから顧客に支払う。

以上のいずれかの方法をとる。

正解　1）

4－27　信用状付輸出手形の買取依頼とディスクレパンシー

《問》信用状付輸出手形の買取依頼を受けた際にディスクレパンシーがあった場合の対応について、次のうち最も不適切なものはどれか。

1）L／G（信用状発行銀行が支払を拒絶したときは、買取依頼人が買戻しに応じる旨の保証状）の提出を受け、かつ、買取依頼人が買戻し能力を有している等の与信判断ができれば、買取依頼に応じることは可能である。
2）いったん買取依頼を受け、そのための書類の提出を受けた後においては、買取りをせずに取立扱いに変更することはできない。
3）信用状発行銀行にアメンド（信用状の条件変更）をしてもらい、ディスクレパンシーが解消したときには、買取依頼に応じることは可能である。

・解説と解答・

1）適切である。
2）不適切である。ディスクレパンシーがある場合には、買取りをせずに、信用状発行銀行から取立を行い、入金となってから顧客に支払う方法もある。
3）適切である。

正解　2）

4－28　信用状（L／C）

> 《問》信用状（L／C）等について、次のうち最も適切なものはどれか。
> 1）信用状統一規則は、信用状の解釈および取扱方法を国際間で統一する
> 　ために、国際商業会議所（ICC）により制定された。
> 2）信用状は、輸出者の依頼により輸出地の銀行が発行する。
> 3）信用状は、船積される商品に間違いがないことを保証するものであ
> 　る。

・解説と解答・

　信用状（Letter of Credit：L／C）とは、輸入者の依頼に基づいて信用状を発行した銀行が、信用状に定められた書類が呈示され、信用状条件を充足している場合には、受益者（輸出者）に対して支払を行うことを確約する書状である。

1）適切である。信用状統一規則は、国際商工会議所（ICC）によって定められたもので、現在は2007年に改訂された「UCP600」が使用されている。信用状にこの規則を守る旨の文章が記されている場合は、この規則が適用される。

2）不適切である。信用状は、輸入者の依頼により輸入地の銀行が発行する。

3）不適切である。信用状取引は実物取引とは別個の書類取引であり、信用状は実際の船積商品に相違ないことを保証するものではない。

正解　1）

4－29　信用状条件

《問》次の文章の（　　　　）内にあてはまる語句として、最も適切なもの
　　はどれか。

> 　輸出書類が信用状条件を充足していない場合に、輸出手形の買取
> りを依頼された銀行が、信用状発行銀行に買取りの可否について電
> 信により照会し、買取応諾の回答を受けて買取りをする方法を
> （　　　）という。

1）ディスクレパンシー
2）アメンド
3）ケーブル・ネゴ

・解説と解答・

　輸出書類が信用状条件を充足していない場合に、輸出手形の買取りを依頼さ
れた銀行が、信用状発行銀行に買取りの可否について電信により照会し、買取
応諾の回答を受けて買取りをする方法をケーブル・ネゴ（CableNegotiation）
という。

正解　3）

4−30　為替リスクの回避

《問》次の文章の（　　　）内にあてはまる語句として、最も適切なものはどれか。

> 　外貨建ての債権がある企業などでは、（　　　）を借り入れて外貨建ての債務を負担することで、為替リスクを回避することもある。

1）タイド・ローン
2）インパクト・ローン
3）元利均等返済ローン

●解説と解答●

　インパクト・ローンとは、銀行が行う居住者に対しての外貨建て融資を指す。企業が資金調達を行うに際し、インパクト・ローンを利用することにより、借入通貨を選択することが可能になったり、調達方法の多様化を図るなどのメリットがある。

　外貨建ての債権がある企業などでは、インパクト・ローンを借り入れて外貨建ての債務を作り出し、外貨建のエクスポージャーを小さくすることで、為替リスクを回避することができる。

正解　2）

4－31 為替予約

> 《問》為替予約について、次のうち最も不適切なものはどれか。
> 1）外貨建金融商品には為替変動リスクがあるが、為替予約を行うことにより、為替予約の締結日から満期日までの為替変動リスクを回避することができる。
> 2）売予約とは、金融機関が先物で外貨を顧客に売るときの為替予約を指し、輸出予約ともいう。
> 3）為替予約を締結した後は、相手方の同意がなければ為替予約の変更や取消しを行うことはできない。

・解説と解答・

　為替予約とは、銀行と顧客との間で、先物相場による外国為替の受渡しを契約することである。

　将来の為替相場を取り決めることによって、顧客は取引の採算を確定し、為替相場の変動によるリスクを回避することができる一方、予約した為替レートより満期時の相場が顧客にとって有利になったとしてもその分の為替差益はいっさい享受することができない。

1）適切である。

2）不適切である。売予約は輸入予約ともいわれ、買予約は輸出予約といわれている。

3）適切である。

正解　2）

4－32　輸入荷物引取保証（L／G）・丙号T／R等

《問》輸入取引における輸入荷物引取保証（L／G）と丙号T／R等について、次のうち最も不適切なものはどれか。

1）輸入船積書類が信用状発行銀行に未着の場合、輸入者は第三者の保証状を信用状発行銀行に差し入れることにより荷物を引き取ることができるが、これを輸入荷物引取保証（L／G）という。

2）輸入船積書類が信用状発行銀行に未着の場合、輸入者の依頼により輸入為替の決済または輸入ユーザンスの供与前に荷物を貸し渡すことがあるが、これを、丙号T／Rという。

3）輸入者に輸入ユーザンスを供与する場合、銀行は荷物の所有権を有しているため、輸入者にその荷物を貸し渡すことがあるが、これを荷物貸渡（T／R）という。

・解説と解答・

　輸入荷物が本邦に到着しているにもかかわらず、輸入船積書類が信用状発行銀行に未着の場合には、輸入者は荷物を引き取ることができない。この場合、輸入者は銀行に連帯保証状を発行してもらい、船会社にその保証状を差し入れて、荷物を引き取ることができる。これを、輸入荷物引取保証（Letter of Guarantee；L／G）という。

1）不適切である。輸入荷物引取保証（L／G）とは、船荷証券を含む輸入船積書類が信用状発行銀行に未着の場合に、輸入者と信用状発行銀行の連帯保証状を船会社に差し入れることにより荷物を引き取ることをいう。

2）適切である。

3）適切である。

正解　1）

4 −33　輸入ユーザンス

《問》輸入ユーザンスについて、次のうち最も不適切なものはどれか。
　1）本邦の銀行が、輸入為替の決済を猶予し、輸入者に輸入ユーザンス
　　　を供与するものを邦銀ユーザンスという。
　2）外国にある銀行が、本邦銀行が発行した期限付輸入信用状に基づい
　　　て輸入ユーザンスを供与するものを外銀ユーザンスという。
　3）輸入者が新たに期限付手形を振り出すことで、輸出者に輸入為替の
　　　決済の猶予を与えるものをシッパーズ・ユーザンスという。

●解説と解答●

　輸入者には、輸入為替の一覧払決済せずに、銀行または輸出者から一定期間
の支払猶予を受ける方法がある。これを、輸入ユーザンスという。
1）適切である。自行ユーザンスまたは本邦ローンとも言う。
2）適切である。外銀ユーザンスは、金利が輸出者負担の場合に利用される。
3）不適切である。シッパーズ・ユーザンスとは、輸出者が期限付手形を振り
　　出し、輸入者にその手形を引き受けてもらうことで、輸入者に手形代金の
　　決済の猶予を与えるものである。

正解　3）

第 5 章

証券、保険

152

5－1　外務員登録制度

> 《問》金融商品取引法に規定されている外務員登録制度について、次のうち最も不適切なものはどれか。
>
> 1）金融機関の職員が、営業店のロビーにおいて投資信託のパンフレットを顧客に手渡す行為のみにとどまる場合、外務員登録は不要である。
>
> 2）金融機関の職員が、営業店の窓口において販売・勧誘を行う金融商品が外貨預金のみの場合であっても、外務員登録は必要である。
>
> 3）金融機関の職員である外務員は、その所属する金融商品取引業者等に代わって、原則として、外務員の職務に関し、いっさいの裁判外の行為を行う権限を有するものとみなされる。

・解説と解答・

　外務員とは、金融商品取引業者等（販売会社）の役員または使用人のうち、販売会社のために、有価証券の募集の取扱い等、有価証券の売買もしくはその媒介等、またはデリバティブ取引の申込みの勧誘等を行う者である（金融商品取引法64条1項）。外務員資格には、一種と二種の2つがあり、一種外務員は二種外務員資格で行うことのできる職務（公社債・投資信託の取引、株式の現物取引等）に加え、信用取引、デリバティブ取引を含めたすべての有価証券に係る外務員の職務を行うことができる。

1）適切である。

2）不適切である。外務員登録が必要な行為（金融商品取引法64条1項各号、同法施行令17条の14各号）に外貨預金の販売・勧誘は含まれていない。また、銀行法13条の4は、金融商品取引法の外務員に関する規定を準用していない。したがって、営業店の窓口において販売・勧誘を行う金融商品が外貨預金のみの場合であれば、外務員登録は不要である。

3）適切である。

正解　2）

5-2　債券の売買

《問》次の文章の（　　　）内にあてはまる語句として、最も適切なものはどれか。

> 　長期利付国債（既発債、表面利率0.5%、残存期間8年、額面金額100円）を100.56円で購入し、償還日まで保有した場合の最終利回り（税引き前、単利、%表示における小数点以下第4位を四捨五入）は（　　　）である。

1）0.428%
2）0.430%
3）0.497%

・解説と解答・

利付債券の最終利回りの計算は以下のとおり。

$$最終利回り（\%）= \frac{表面利率 + \dfrac{額面（100円）- 購入価格}{残存年数（年）}}{購入価格} \times 100$$

よって本問の答えは、

$$\frac{0.5 + \dfrac{100円 - 100.56円}{8}}{100.56} \times 100 ≒ 0.428\%$$

となる。

正解　1）

5－3　投資信託の窓口販売業務

《問》投資信託の窓口販売業務について、次のうち最も不適切なものはどれか。

1）金融機関が窓口販売業務で取り扱う投資信託のうち、安全運用型の商品は、預金保険制度による保護の対象となっている。

2）クローズドエンド型の投資信託とは、運用期間中は原則として解約ができない投資信託のことである。

3）投資信託の窓口販売において説明義務違反があった場合、顧客から契約を取り消されたり、損害賠償を請求されるおそれがある。

・解説と解答・

1）不適切である。投資信託は、その種類にかかわらず、預金保険制度による保護の対象となる預金等には含まれない。

2）適切である。クローズドエンド型の投資信託とは、運用期間中に、原則としてファンド解約または買戻しができないものをいい、これに対して、ファンドの解約または買戻しが可能なものをオープンエンド型という。なお、クローズドエンド型であっても、市場で売却するか、一定の場合には解約することができる。

3）適切である。投資信託の窓口販売において重要事項の説明義務違反があった場合には、金融機関は、金融サービス提供法により元本欠損額について損害賠償責任を負い、不実の事実を告げるなどして顧客に投資信託を販売した場合には、消費者である顧客は、消費者契約法により契約の取消しをすることができる。

正解　1）

5－4　公共債のディーリング業務

《問》公共債のディーリング業務について、次のうち最も不適切なものは
どれか。
1）公共債のディーリング業務とは、不特定多数の顧客を相手に公共債
の売買を営業として行うことである。
2）自金融機関以外が窓口で販売した国債のはね返り玉の買取業務も、
ディーリング業務で行うことが可能である。
3）ディーリング業務によって、金融機関が価格変動リスクを負うこと
はない。

・解説と解答・

1）適切である。有価証券の売買、市場デリバティブ取引等を自ら行う業務を
ディーリング業務という。金融機関では、主に法人投資家を相手として自
己売買部門が既発債等の売買を行っている。
2）適切である。はね返り玉の買取りについては、窓販業務としては認められ
ていない自金融機関以外が販売したはね返り玉の買取についても、ディー
リング業務の登録を行っている金融機関であれば、ディーリング業務とし
て行うことが可能である。
3）不適切である。ディーリング業務において、金融機関は公共債を在庫（商
品有価証券という）として保有している。公共債の価格は日々変動してお
り、ディーリング業務を行う金融機関は当然に価格変動リスクを負う。

<u>正解　3）</u>

5－5　公社債市場と格付

《問》次の文章の（　　　　）内にあてはまる語句の組合せとして、最も適
切なものはどれか。

> 公社債市場では、民間の格付機関が公社債の（　イ　）をランク
> 付けしており、同じ期間の事業債であっても、例えば、A格の債券
> よりB格の債券のほうが（　ロ　）が劣るため、一般に、調達金利
> が高くなる。

1）イ．債券発行規模　　　ロ．発行総額
2）イ．市場流通度　　　　ロ．換金性
3）イ．償還の確実性　　　ロ．信用力

・解説と解答・

　国や民間企業等が債券を発行して資金調達を行う場合、万一これらの発行主
体が破綻してしまうと、発行された債券は紙切れ同然になるおそれがある。そ
こで、債券が償還を迎えるまで元利金の支払が滞るリスクがどの程度あるのか
を、一定の記号を用いて表示するのが「債券格付」である。公社債市場におい
ても格付機関が公社債の償還の確実性をランク付け（格付）している。よっ
て、本設問では、A格の債券よりB格の債券のほうが償還の確実性（信用力）
が劣るため、資金の調達金利が高くなる。

正解　3）

5－6　証券取引の種類

《問》次の文章の（　　　　）内にあてはまる語句として、最も適切なものはどれか。

> ある金融取引を定められた条件で実行するかどうかの選択権を売買することを、（　　　）という。

1）オプション取引
2）先物取引
3）スワップ取引

・解説と解答・

　ある金融取引を契約に定められた条件で実行するかどうかの選択権（オプション）を売買することをオプション取引という。価格変動リスクを回避する目的で利用されたり、投機目的でも利用される。

　なお、先物取引とは、将来の一定時点で受渡しされる特定の商品について、現時点でその価格を決定する取引を「広義の先物取引」といい、このなかで通常、取引所に上場しているものを先物取引、相対で行われる同様の取引を先渡取引という。

　スワップ取引とは、将来の金利や通貨の支払を交換する取引をいう。

<u>正解　1）</u>

5－7　デリバティブ取引

《問》次の文章の（　　　　）内にあてはまる語句の組合せとして、最も適
切なものはどれか。

> デリバティブ取引において、ある金融取引を定められた条件で実
> 行するかどうかの選択権を売買することをオプションといい、売る
> 権利を（　イ　）、買う権利を（　ロ　）という。

1）イ．ヘッジ　　　　　　　ロ．プレミアム
2）イ．アービトラージ　　　ロ．レバレッジ
3）イ．プットオプション　　ロ．コールオプション

● 解説と解答 ●

　ある金融取引を定められた条件で実行するかどうかの選択権を売買すること
をオプションといい、オプションは売る権利をプットオプション、買う権利を
コールオプションという。

正解　3）

5－8 投資信託（Ⅰ）

> 《問》投資信託について、次のうち最も不適切なものはどれか。
> 1）投資信託は、不特定多数の投資家から集めた資金を投資信託委託会社の運用指図によって信託銀行が運用し、そこで生じた利益を投資家に分配する仕組みの元本保証の金融商品である。
> 2）投資信託は、商品ごとに投資対象や運用方針が異なり、リスクや期待収益率も違うため、あらかじめ顧客に商品説明を十分に行い、よく理解してもらうことが重要である。
> 3）投資信託は、いつでも解約できるタイプと、原則として中途解約できないタイプに分かれる。

・解説と解答・

1）不適切である。投資信託の収益は運用実績を反映して決められ、総じて収益性が高い反面、元本は保証されていない。
2）適切である。投資信託は金融サービス提供法の規制対象商品であり、記述のとおり、投信窓販業務を行う金融機関は、金融商品販売業者として投資家に損失をもたらす可能性のある市場リスク、信用リスク、商品性等について投資家に十分に説明をしなければならない。さらに、登録金融機関として、金融商品取引法に基づき、さまざまなリスク、商品性、手数料等を記載した書面を契約締結前に交付し説明する必要がある。
3）適切である。いつでも解約できるタイプをオープンエンド型、原則として中途解約できないタイプをクローズドエンド型という。
また、追加購入できるタイプを追加型あるいはオープン型といい、追加購入できないタイプを単位型、クローズ型あるいはユニット型という。

正解　1）

5－9　投資信託（Ⅱ）

《問》投資信託について、次のうち最も不適切なものはどれか。
1）株式投資信託は、株式のほか、公社債も投資対象とすることができる。
2）公社債投資信託は、主として公社債を投資対象とする投資信託であるが、一定の範囲内であれば、株式を組み入れることも可能である。
3）株式投資信託には、各種株価指数に連動するもの等さまざまな種類がある。

・解説と解答・

1）適切である。株式投資信託とは、約款に株式に投資できる旨が記載されている投資信託のことである。実際は、株式以外にも、公社債等の債券を組み入れて運用することができる。
2）不適切である。公社債投資信託は、いっさい株式を組み入れることができない。
3）適切である。株式投資信託は、日経平均株価などの各種株価指数である「ベンチマーク」を定めているものがある。ベンチマークを上回る成果を目指す運用方法を「アクティブ運用」、ベンチマークに連動する成果を目指す運用方法を「パッシブ運用」という。

正解　2）

5 - 10　契約型投資信託

《問》次の文章の（　　　）内にあてはまる語句の組合せとして、最も適切なものはどれか。

> 　契約型投資信託では、受益者たる投資家は、証券会社や金融機関等の販売会社の窓口を経由し、委託者たる（　イ　）に申込金を支払う。分配金・償還金は（イ）から販売会社を経由して支払われるものであって、受託者たる（　ロ　）から支払われるわけではない。

1）イ．販売会社　　　　　　ロ．投資信託委託会社
2）イ．信託銀行　　　　　　ロ．販売会社
3）イ．投資信託委託会社　　ロ．信託銀行

● 解説と解答 ●

　契約型投資信託では、販売会社が投資家から資金を集め、投資信託委託会社が委託者となって信託銀行を受託者として信託を設定する。資金の運用は投資信託委託会社の指図に基づき信託銀行が行うが、顧客（受益者）である投資家との申込金・分配金・償還金の受払いは販売会社を通じて行われる。受益者たる投資家は、販売会社たる証券会社・（登録）金融機関に申込金を支払い、分配金・償還金も販売会社から支払われるものであって、受託者たる信託銀行から直接支払われるわけではない。

　1998年6月の投信法（投資信託及び投資法人に関する法律）の改正によって、従来の証券投資信託である契約型投資信託に加え、投資法人の仕組みを使った投資信託（会社型投資信託）が可能となり、おもに、不動産投資信託の仕組みとして使われている。

正解　3）

5-11 株式投資信託

《問》株式投資信託について、次のうち最も不適切なものはどれか。
 1）株式投資信託は、公社債投資信託以外の証券投資信託であり、株式
　　だけでなく、公社債も組み入れることができる。
 2）株式投資信託の購入時手数料は、販売会社により異なることがあ
　　る。
 3）ベンチマークを上回る運用成果を上げることを目標とする運用スタ
　　イルは、パッシブ運用と呼ばれる。

●解説と解答●

　株式投資信託は、株式を組み入れて運用することができる投資信託のことを指す。実際は株式を組み入れずに債券などで運用しているものも存在している。
1）適切である。
2）適切である。
3）不適切である。ベンチマークを上回る運用成果をあげることを目標とする
　　運用スタイルは、アクティブ運用と呼ばれる。パッシブ運用は、ベンチマー
　　クに連動する運用成果を目標とする運用スタイルである。

正解　3）

5－12　公社債投資信託

《問》公社債投資信託について、次のうち最も適切なものはどれか。
1）約款上株式を組み入れることが可能であっても、実際に株式を組み入れていなければ、公社債投資信託に分類される。
2）MRF（マネー・リザーブ・ファンド）は、日々決算型の公社債投資信託である。
3）MRF（マネー・リザーブ・ファンド）の投資対象は，信用力の高い大企業の株式や社債が中心となっている。

解説と解答

　公社債および短期金融商品で運用し、株式をいっさい組み入れないことを明示している投資信託の分類は、公社債投資信託である。単位型と追加型があり、追加型公社債投資信託のおもな商品には、MRF、MMFなどがある。
1）不適切である。実際に株式を組み入れていない投資信託であっても、約款上株式を組み入れることが可能であれば、株式投資信託に分類される。
2）適切である。
3）不適切である。MRFは公社債投資信託なので、株式をいっさい組み入れることができない。

正解　2）

5－13　不動産投資信託（J-REIT）（Ⅰ）

《問》次の文章の（　　　）内にあてはまる語句の組合せとして、最も適
切なものはどれか。

　　不動産投資信託（J-REIT）は建物等の不動産や（　イ　）で運
用し、賃貸収入や売却益等の収益を投資家に分配する金融商品であ
る。その仕組みとしては、不動産投資法人が投資家から資金を集め
て不動産等を取得し、資産運用は（　ロ　）に委託する会社型が一
般的である。

1 ）イ．株式　　　　　　　　ロ．証券会社
2 ）イ．不動産証券化商品　　ロ．資産運用会社
3 ）イ．公共債　　　　　　　ロ．取扱金融機関

・解説と解答・

　REIT という仕組みは米国で生まれた「Real Estate Investment Trust」の
略称のことである。日本の国内法に則った REIT は、頭に JAPAN の「J」を
つけて「J-REIT」と呼ばれている。日本では、投信法に基づいて設立された
投資法人が投資家から資金を集めて不動産や不動産証券化商品に運用するもの
で、資産運用は資産運用会社に委託するいわゆる会社型が一般的である。

正解　2 ）

5−14　不動産投資信託（J-REIT）（Ⅱ）

《問》不動産投資信託（J-REIT）について、次のうち最も適切なものは
どれか。
1) J-REIT は、国内外に上場している不動産会社の株式およびをこれ
らの不動産会社が発行する社債を主たる投資対象とする投資信託で
ある。
2) J-REIT は、一定期間中途解約（出資金の払戻請求）できないクロー
ズド期間が設けられているが、クローズド期間経過後はいつでも中
途解約することができる。
3) J-REIT は、上場株式と同様、成行注文や指値注文によって取引す
ることができる。

・解説と解答・

1) 不適切である。J-REIT は、投資法人が投資家から集めた資金で国内外の
不動産等に投資し、賃貸収入や売却益などを原資として投資家に分配する
投資信託である。不動産会社の株式や社債は投資対象外である。
2) 不適切である。J-REIT は、クローズドエンド型の投資信託であるため、
中途解約（出資金の払戻請求）を行うことができない。したがって、中途
換金する場合には市場で売却する必要がある。
3) 適切である。

正解　3)

5－15　保険商品の窓口販売

《問》保険商品の窓口販売について、次のうち最も適切なものはどれか。
 1）生命保険の募集に際し、保険会社から提供されたパンフレットだけではなく、独自にわかりやすい勧誘資料を作成することが望ましい。
 2）変額個人年金保険は投資性が強い生命保険とされているため、金融機関の窓口販売で取り扱うことはできない。
 3）金融機関は、生命保険契約の締結を生命保険会社に媒介するにとどまる。

・解説と解答・

1）不適切である。勧誘の際には所属保険会社から提供される勧誘資料を使用し、独自の資料作成は避ける必要がある。
2）不適切である。2007年12月に、窓口における保険商品の取扱いが全面解禁された。
3）適切である。金融機関に解禁された保険の窓口販売において、生命保険では金融機関は生命保険会社に契約の締結を媒介するにとどまる。なお、損害保険では金融機関は保険会社の保険代理店として保険契約を締結する。

正解　3）

5－16　学資（こども）保険

《問》次の文章の（　　　）内にあてはまる語句の組合せとして、最も適
　　　切なものはどれか。

> 学資（こども）保険は、原則として、保険契約者を（　イ　）、
> 被保険者を（　ロ　）として契約を行う。

1）イ. 子　　　ロ. 親
2）イ. 親　　　ロ. 子
3）イ. 子　　　ロ. 子

・解説と解答・

　学資（こども）保険は、原則として保険契約者を親、被保険者を子として契
約を行う。保険契約者に万一のことがあっても教育資金などを準備できる。

<u>正解　2）</u>

5-17　金融商品取引法、金融サービス提供法

《問》金融商品取引法と金融サービス提供法の内容について、次のうち最
　　も適切なものはどれか。
1) 金融商品取引法と金融サービス提供法の規制対象となる商品や取引
　　の範囲は、同一である。
2) 金融サービス提供法上、金融商品販売業者等が顧客に対する重要事
　　項の説明は、適合性の原則を踏まえて行わなければならない。
3) 金融サービス提供法上、金融商品販売業者等は、仮に顧客から「重
　　要事項について説明を要しない」旨の意思の表明があった場合で
　　も、重要事項の説明義務が免除されることはない。

・解説と解答・

1) 不適切である。金融商品取引法と金融サービス提供法は別の法律であり、
　　その規制対象となる商品や取引の範囲の多くは重なっているが、同一では
　　ない。
2) 適切である。金融サービス提供法上の重要事項の説明は、顧客の知識、経
　　験、財産の状況およびその金融商品の販売に係る契約を締結する目的に照
　　らして、その顧客に理解されるために必要な方法および程度によるもので
　　なければならないとされている（金融サービス提供法4条2項）。
3) 不適切である。金融サービス提供法で定める金融商品販売業者等に対する
　　「重要事項」の説明義務は、「説明を要しない」旨の顧客の意思の表明があ
　　った場合には、説明を省略することが認められている（金融サービス提供
　　法4条7項2号）。

正解　2)

5－18　高齢者への金融商品販売時の注意点

《問》次の文章の（　　　）内にあてはまる語句として、最も適切なものはどれか。

> 日本証券業協会「高齢顧客への勧誘による販売に係るガイドライン」によると、訪問先で80歳以上の高齢顧客へ勧誘留意商品の販売を行う場合、原則として（　　　）ようにすることが適当であるとされている。

1）必ず担当営業員が訪問当日に受注を行う
2）訪問当日中に役席者が受注を行う
3）当日の受注は行わずに翌日以降に役席者が確認のうえ受注を行う

・解説と解答・

　高齢者への金融商品販売においては、適合性の原則に基づいて、慎重な勧誘・販売と、丁寧なフォローアップを行っていくことが必要である。高齢顧客への勧誘による販売に係る「協会員の投資勧誘、顧客管理等に関する規則」等の一部改正及び「協会員の投資勧誘、顧客管理等に関する規則第5条の3の考え方」（高齢顧客への勧誘による販売に係るガイドライン）では、訪問先で80歳以上の高齢顧客へ勧誘留意商品を販売する際は、当日の受注は行わずに翌日以降に電話等で改めて役席者が受注する等の必要がある。

　なお、2021年8月1日施行の改正ガイドラインでは、全ての顧客について一律に年齢による制限を設けるのではなく、年齢にかかわらずガイドラインの対象外とすることが可能な顧客を定めることができるとしている。具体的には、「記憶力および理解力等が十分であること」「収入や保有資産の状況に照らして問題ないこと」のいずれも満たす場合、担当役員の承認を得てガイドラインの対象外とすることができる。

正解　3）

5 −19　金融サービス提供法

《問》金融機関が投資信託の窓口販売を行うに際し、元本割れのおそれが
あるなどの重要事項を顧客に説明しなかった場合において、顧客が
金融サービス提供法上、主張できる権利は、次のうちどれか。
1 ）解除権
2 ）取消権
3 ）損害賠償請求権

●解説と解答●

　金融サービス提供法では、顧客に対する金融商品の説明義務が定められている。

　この法律は、①預貯金・信託・有価証券等をはじめ、ほとんどの金融商品を対象とし、②金融商品販売業者に、顧客に対して当該金融商品に元本欠損（元本割れ）のおそれがある場合や当初元本を上回る損失を生ずるおそれがある場合に、その旨およびその要因や指標、権利行使期間の制限等、金融商品の有するリスク等に関する重要事項の説明を義務付け、③重要事項の説明義務違反により元本欠損等の損害が生じた場合の損害賠償について定めている。

　なお、顧客が説明を要しない旨の意思を表明した場合には、説明は不要だが、顧客が本当に商品内容やリスクを理解しているかどうかについて、慎重な対応が必要になる。さらに、金融商品販売業者に対して、適正な勧誘に努めることを趣旨として、勧誘方針を策定・公表することが規定されている。

　また、投資信託のような有価証券については、金融商品取引法も適用され、勧誘・販売にあたっては、投資信託説明書（交付目論見書）や販売する金融機関の商号、有価証券の内容、顧客が支払うべき対価、投資リスク等について記載した契約締結前交付書面を交付し説明することとされている。

正解　3 ）

5 - 20　適合性の原則

《問》金融商品取引法等における適合性の原則について、次のうち最も適切なものはどれか。なお、本問における顧客は、一般投資家とする。

1 ）適合性の原則とは、顧客の知識、経験、財産の状況および金融商品取引契約を締結する目的に照らして不適当と認められる勧誘は慎重に行わなければならないというルールである。

2 ）適合性の原則には、ある特定の顧客に対しては、いかに説明を尽くしても一定の商品の販売・勧誘を行ってはならないというルールが含まれる。

3 ）預金商品であれば、投資性の強い商品には適合性の原則は適用されない。

・解説と解答・

1 ）不適切である。適合性の原則とは、顧客の知識、経験、財産の状況および金融商品取引契約を締結する目的に照らして不適当と認められる勧誘を行ってはならないとするルールである。金融商品取引業者は適合性の原則を遵守した販売勧誘を行うことが求められている（金融商品取引法40条1号）。

2 ）適切である。これを「狭義の適合性の原則」という。

3 ）不適切である。投資性の強い商品（外貨預金や仕組み預金）にも、適合性の原則が適用される。

正解　2 ）

5 -21　金融 ADR 制度

> 《問》金融 ADR 制度（金融分野における裁判外紛争解決制度）につい
> て、次のうち最も適切なものはどれか。
> 1）内閣総理大臣が指定する指定紛争解決機関は、全国銀行協会、証
> 　券・金融商品あっせんセンター、生命保険協会、日本損害保険協会
> 　などがある。
> 2）金融 ADR 制度を利用する場合、裁判と同程度の費用が必ず必要と
> 　なる。
> 3）金融 ADR 制度は、銀行等の内部規定に関する苦情・紛争取引に限
> 　定され、預金・融資・為替業務に関する苦情・紛争取引は対象とな
> 　らない。

●解説と解答●

1）適切である。現在合計で8機関が指定紛争解決機関に指定されている。

2）不適切である。金融 ADR 制度を利用する際の費用は、一般に裁判より低
廉である。各金融 ADR 機関によって利用料が定められているが、一部を
除き無料である。例えば、全国銀行協会での紛争解決手続の手数料は、交
通費、郵送費、資料作成費用などを除き無料である（全国銀行協会相談
室：紛争解決手続「あっせん委員会」の流れ）。

3）不適切である。銀行等の業務全般についても対象となる。特に投資性の強
い投資信託、デリバティブ取引などに利用される。

正解　1）

5−22　消費者契約法

《問》次の文章の（　　　）内にあてはまる語句として、最も適切なものはどれか。

> 消費者契約法によれば、金融機関が事実と異なることを告げるなどして、顧客が誤認して投資信託を購入したときなどは、顧客はその取引を（　　　）ことができるとされている。

1) 無効とする
2) 取り消す
3) 賠償してもらう

・解説と解答・

　消費者契約法は、消費者契約における消費者の権利を守ることを目的としており、金融機関が事実と異なることを告げたり、あるいは断定的な判断を提供したりすることで、顧客が誤認して投資信託等を購入したときなどは、顧客はその取引を取り消すことができるとしている。

正解　2)

5－23　保険募集におけるコンプライアンス（Ⅰ）

《問》保険募集におけるコンプライアンスについて、次のうち最も適切な
ものはどれか。
1）金融機関の保険募集人となる役職員については、内閣総理大臣の登
録が必要である。
2）金融機関は、顧客に対して保険募集を行う際に、保険契約の締結を
信用供与の条件としないことや保険に係る取引の有無が他の取引に
影響を与えないことを、口頭または書面で説明する必要はない。
3）金融機関が保険を募集する際に、顧客に対して、保険が預金等では
ないことを説明する必要はあるが、預金保険の対象とならないこと
まで説明する必要はない。

・解説と解答・

1）適切である（保険業法276条、302条）。
2）不適切である。金融機関の保険募集における弊害防止措置として、書面に
記載し、顧客に交付することが求められている。
3）不適切である。預金保険の対象とならないことまで顧客に対し説明を行
い、書面によって確認する必要がある。

正解　1）

5 −24　保険募集におけるコンプライアンス（Ⅱ）

《問》保険募集におけるコンプライアンスについて、次のうち最も適切な
ものはどれか。
1) 金融機関は、保険の募集を行う際に、顧客に対して、保険が預金等
ではないことを説明する必要はない。
2) 金融機関は、保険の募集を行う際に、あらかじめ顧客の同意を得る
ことなく、顧客の預金取引などの金融取引に係る情報を利用するこ
とは禁止されている。
3) 金融機関は、保険の募集を行う際に、顧客に将来発生しうる損失に
ついて、あらかじめ損失補てんを行う約束をすることは禁止されて
いない。

・解説と解答・

1) 不適切である。保険が預金等でないことを説明する必要がある。
2) 適切である。
3) 不適切である。特定保険契約について、保険の販売等に関して生じた顧客
の損失の補てんを行うこと、および申出や約束をすることも禁止されてい
る。

正解　2)

5−25　保険窓販の行為規制

《問》次の文章の（　　　）内にあてはまる語句として、最も適切なものはどれか。

　金融機関の窓口等で保険募集を行う際、特別の利益の提供は禁止されている。特別の利益の提供とは、例えば、保険契約者または被保険者に対して、（　　　）ことが該当する。

1）保険料の割引を約束し、また実際に保険料の割引を行う
2）契約者配当金が予想配当額どおりに必ず支払われると説明を行う
3）保険契約者または被保険者の傷病歴を告げることを妨げ、または告げないことを勧める

解説と解答

　金融機関の窓口等で保険募集を行う際に、保険契約者または被保険者に対して、保険料の割引などをする特別の利益の提供は禁止されている。なお、2）は断定的な判断の提供、3）は不利益事実の不告知に当たる。

正解　1）

5 −26　個人向け国債

《問》個人向け国債について、次のうち最も不適切なものはどれか。
 1 ）個人向け国債は個人のみが購入できる利付国債で、変動金利10年満
　　期と固定金利 5 年満期・ 3 年満期の 3 種類がある。
 2 ）購入単位は 1 万円から 1 万円単位で、購入限度額に上限はなく、年
　　 2 回の利払いである。
 3 ）変動金利10年満期は利率が実勢金利に連動して半年毎に見直される
　　ため、デフレ期に強い金融商品である。

・解説と解答・

1 ）適切である。現在発行されている個人向け国債の種類は 3 つである。
2 ）適切である。また、年に 2 回利子が受け取れ、発行から 1 年が経過すれ
　　ば、中途換金も可能である。
3 ）不適切である。デフレ期には実勢金利に連動して利率は低下するため固定
　　金利タイプの方が強く、逆に実勢金利に連動して利率が上昇するインフレ
　　期には、変動金利タイプが強い金融商品である。

正解　 3 ）

5－27　NISA 制度（Ⅰ）

《問》次の文章の（　　　）内にあてはまる数字の組合せとして、最も適
切なものはどれか。

> NISA 制度の非課税保有限度額（総枠）は、（　イ　）万円で、
> そのうち成長投資枠の限度額は（　ロ　）万円である。

1 ）イ．1,200　　　ロ．600
2 ）イ．1,800　　　ロ．1,200
3 ）イ．1,800　　　ロ．1,800

●解説と解答●

　NISA 制度の非課税保有限度額（総枠）は、1,800万円で、そのうち成長投
資枠の限度額は1,200万円である。なお、成長投資枠を使わず、つみたて投資
枠だけで1,800万円まで投資することもできる。

正解　2 ）

5 −28　NISA 制度（Ⅱ）

《問》NISA 制度について、次のうち最も不適切なものはどれか。
1) NISA 口座を開設するためには、口座を開設する年の 1 月 1 日時点で18歳以上であることが要件とされている。
2) つみたて投資枠の対象商品は、長期・積立・分散投資に適した一定の投資信託に限定されている。
3) NISA 口座で保有している商品を売却した場合、同じ年に空いた枠を再利用することができる。

・解説と解答・

1) 適切である。NISA 制度では満年齢ではなく、その年の 1 月 1 日時点での年齢が基準となるため注意が必要である。例えば、 1 月 1 日生まれの者は18歳の誕生日から口座開設が可能で、それ以外の者は18歳になった翌年の 1 月 1 日から口座開設が可能となる。
2) 適切である。
3) 不適切である。2024年からの NISA 制度では、商品を売却した場合、商品の簿価（取得金額）の分だけ非課税投資枠が復活し、再利用が可能になるが、再利用できるのは売却の翌年以降である。

正解　3)

〜参考資料〜

・NISA 制度の抜本的拡充・恒久化

令和5年度税制改正の大綱等において、以下のとおり、NISA制度の抜本的拡充・恒久化の方針が示され、2024年1月から新制度が開始しました。

	つみたて投資枠　（併用可）	成長投資枠
年間投資枠	120万円	240万円
非課税保有期間(注1)	無期限	無期限
非課税保有限度額（総枠）(注2)	1,800万円 ※簿価残高方式で管理（枠の再利用が可能）	
		1,200万円（内数）
口座開設期間	恒久化	恒久化
投資対象商品	長期の積立・分散投資に適した一定の投資信託 （2023年末までのつみたてNISA対象商品と同様）	上場株式・投資信託等(注3) ①整理・監理銘柄②信託期間20年未満、高レバレッジ型および毎月分配型の投資信託等を除外
対象年齢	18歳以上	18歳以上
2023年末までの制度との関係	2023年末までの一般NISAおよびつみたてNISA制度において投資した商品は、2024年以降の制度の外枠で管理され、2023年末までの制度における非課税措置を適用 ※2023年末までの制度から2024年以降の制度への ロールオーバーは不可	

（注1）非課税保有期間の無期限化に伴い、2023年末までのつみたてNISAと同様、定期的に利用者の住所等を確認し、制度の適切な運用を担保
（注2）利用者それぞれの非課税保有限度額については、金融機関から一定のクラウドを利用して提供された情報を国税庁において管理
（注3）金融機関による「成長投資枠」を使った回転売買への勧誘行為に対し、金融庁が監督指針を改正し、法令に基づき監督及びモニタリングを実施
（注4）2023年末までにジュニアNISAにおいて投資した商品は、5年間の非課税期間が終了しても、所定の手続きを経ることで、18歳になるまでは非課税措置が受けられることとなっているが、今回、その手続を省略することとし、利用者の利便性向上を手当て

（出所）金融庁ホームページより作成

2024年度版
金融業務4級　実務コース試験問題集

2024年3月13日　第1刷発行

編　者　一般社団法人　金融財政事情研究会
　　　　　　　　　　　　　　　検定センター
発行者　　　　　　　　　　　　加藤　一浩

〒160-8519　東京都新宿区南元町19
発　行　所　一般社団法人　金融財政事情研究会
販 売 受 付　TEL 03(3358)2891　FAX 03(3358)0037
　　　　　　URL https://www.kinzai.jp

本書の内容に関するお問合せは、書籍名およびご連絡先を明記のうえ、FAXでお願いいたします。　お問合せ先　FAX 03(3359)3343
本書に訂正等がある場合には、下記ウェブサイトに掲載いたします。
https://www.kinzai.jp/seigo/

ISBN978-4-322-14406-2